KB265214

하나님 앞에 구별된 자로 나아가기 위한

믿음의
발견

믿음의 발견

지 은 이 | 이재희
펴 낸 이 | 김원중

편　　　집 | 심현정, 김현정
디 자 인 | 옥미향
제　　　작 | 허석기
관　　　리 | 김선경

초판인쇄 | 2010년 11월　3일
초판발행 | 2010년 11월 10일

출판등록 | 제313-2007-000172호(2007.08.29)

펴 낸 곳 | (주)상상나무
　　　　　도서출판 상상예찬
주　　　소 | 서울시 마포구 상수동 324-11
전　　　화 | (02)325-5191
팩　　　스 | (02)325-5008
홈페이지 | http://smbooks.com

ISBN　978-89-93484-23-6 (03230)

값 12,000원

하나님 앞에 구별된 자로 나아가기 위한

믿음의 발견

The Discovery Of

faith

이재희 목사 지음

상상나무

　　설교집 《이것이 진짜 영성이다》 이후 4년여 만에 신앙 칼럼집을 내도록 인도해 주신 하나님께 먼저 감사와 영광을 돌린다.

　　오늘날 많은 크리스천들이 설교의 홍수에 둘러싸여 있다. 텔레비전을 통해 저명한 목사님들의 설교를 언제나 들을 수 있고, 하루에도 얼마나 많은 설교집이 출간되는지 모른다. 신앙생활을 하기에 참으로 좋은 환경이다.

　　그럼에도 불구하고 우리들의 삶이 더 행복해지고, 더 나아지지 않는 것을 발견한다. 그것은 왜일까? 아무리 귀한 메시지를 전하고, 아무리 큰 은혜의 세계로 초대해도, 그것이 내게 큰 영적 파장으로 느껴지지 않는다면 아무런 소용이 없기 때문이다.

　　설교는 한 공간 안에서 메시지를 전하는 자와 듣는 자가 영적 공감대를 형성하며 믿음을 키우고 더 깊은 신앙의 세계로 진입하는 계기가 된다. 그래서 메시지를 전하는 설교자가 얼마나 파워풀한 영성을 소유했느냐가 중요한 부분을 차지한다. 여기에다 설교를 듣는 이의 영적 상태에 따라 각자가 받는 은혜의 파장도 다를 수밖에 없다. 결국 설교를 듣는 이가 믿음의 기초 위에 제대로 자리 잡지 못했거나, 설교하는 자의 메시지에 영적 파워가 실리지 않으면 내용은 있으나 감동이 없는, 즉 영성을 잃은 설교가 된다.

　이와 달리 글로 기록한 신앙 서적은 차분하고 단계적으로 신앙을 정리하고 키워 나갈 수 있는 영역이다. 잘 이해되지 않는 문장이 있더라도 여러 번 곱씹어서 읽다 보면 그것이 마음속에 하나 둘 각인될 수 있기 때문이다. 은혜로운 내용을 가진 믿음의 책이라면 언제든지 다시 읽으면서 스스로 의문을 가졌던 신앙의 문제들에 대한 답을 찾을 수 있다.

　이번에 출간하게 된 신앙 칼럼집은 그동안 강단에서 전한 설교를 바탕으로 정리한 것이다. 많은 설교 중에서도 신앙인들에게 영적 도전과 성숙을 가져다 줄 수 있는 내용을 뽑아 선별하고 다시 요약해 신앙 칼럼으로 재탄생시킨 것이다. 설교 본문이 있고 그것을 쫓아가는 기존의 형태를 탈피해, 먼저 주제와 내용을 설명하고 나중에 성경 말씀을 읽어 스스로 믿음의 결론을 내리도록 구성했다.

　이 30여 편의 신앙 칼럼은 넓은 의미에서는 설교이지만 우리의 믿음 생활을 새롭게 점검하고 체크할 수 있는 내용이 주류를 이루고 있다. 신앙생활이 단지 교회에 출석하고 기도하는 것만이 아니라 놀라운 영적 세계와 영적 전쟁이 있다는 사실을 강조하는 데 많은 부분을 할애했다. 그렇기에 다소 중복되고 재강조되는 부분이 있지만 다시 한 번 되새기는 기회로 삼아 주기를 독자들에게 부탁드린다. 아울러 문장이나 글의 흐름을 너무 정확하고 매끈하게 다듬지 않고 다소 투박하게 살린

부분도 있음을 미리 밝힌다. 이것은 내가 자주 사용하는 언어요 단어이기에 그 느낌 그대로 살려내고 싶었기 때문이다.

하나님께서는 평범한 교회 집사였던 나를 당신의 종으로 일으켜 불러 주셨고, 부족한 가운데서도 사명자의 길을 가도록 인도하셨다. 그리고 지금도 인도해 주고 계신다. 여성 목회자에 대한 한국 교회의 시각 자체가 썩 우호적이지 않다는 사실을 인정하더라도, 그동안 내가 겪은 어려움과 고통은 참으로 컸다. 그러나 세상을 보지 않고 하나님의 명령만을 순종하려 했기에 주님은 은혜와 능력을 넘치게 부어 주셨고 결국 많은 열매를 맺을 수 있었다.

또 하나님께서는 교파를 초월한 국제회복선교회를 창립케 하셔서 선교의 포문을 더욱 넓게 열어 주시고, 내가 시무하는 흰돌교회 사역의 영역도 계속 확대해 주셨다. 하나님의 나라가 점점 더 확장되고 있음에 감사한 마음이다.

하나님의 일은 결국 그것이 하나님 뜻에 합한 것이냐 아니냐로 귀결된다. 늘 겸손하고 낮아지라고 가르치셨음에도 권위주의를 앞세우고 있지는 않은지 돌아보아야 한다. 나누고 베풀라고 물질을 주셨음에도 인색하지는 않은지 돌아보아야 한다. 하나님의 살아 계심을 전하라고 능력과 기적을 주셨음에도 자신이 우쭐해지는 우를 범하고 있지는 않은지 돌아보아야 한다. 기독교의 영원한 주제는 사랑과 겸

손, 감사, 섬김, 나눔, 영생, 성령, 축복, 은혜 등이 아닌가 싶다. 감히 이 모든 주제에 대한 해답을 이 책 속에서 찾을 수 있기를 바란다.

바쁜 일상을 사는 현대인들이지만 말씀을 묵상하고 기도하는 시간이야말로 크리스천의 특권이요 소중한 가치가 아닐 수 없다. 그러므로 여러분이 이 책을 선택해서 읽기 시작했다면 반드시 끝까지 다 읽어 주실 것을 저자로서 꼭 부탁드린다. 전체가 아닌 어느 한 면만 보면 '장님 코끼리 만지기'에 그칠 수도 있어서 더욱 그러하다.

이 책이 나오기까지 수고한 손길들이 많기에 두루 감사드린다. 그 수고와 노력이 하늘나라에 상달되어 상급으로 쌓일 것을 믿는다. 그리고 이 책을 통해 많은 영혼들이 하나님을 더 뜨겁게 만나고, 믿음 생활을 이어가는 데 유익이 되기를 간절히 기도한다. 그래서 궁극적으로 하나님께 영광 돌릴 수 있기를 바란다.

좋으신 하나님을 찬양하며 놀라운 은혜와 사랑, 축복이 여러분의 가정과 직장, 섬기는 교회에 넘치시길 축원한다. 할렐루야.

2010년 10월 15일
흰돌교회 서재에서
이재희

Contents 믿음의 발견

"우리가 이것을 말하거니와 사람의 지혜가 가르친 말로 아니하고
오직 성령께서 가르치신 것으로 하니 영적인 일은 영적인 것으로 분별하느니라."

(고전2:13)

당신은 **신령한** 크리스천인가?

신앙은 거부할 수 없는 본능이다

천국에 대해 반응하는 인간의 모습을 살펴보면 세 종류의 사람이 있다.

첫 번째는 천국을 안 믿는 사람이다. 이들은 "천국이 어디 있어? 죽으면 그만이지."라고 말하며 인생의 종착역은 죽음이라고 한다.

두 번째는 반신반의하는 사람이다. 천국이 있는 것 같기도 하고 없는 것 같기도 하고, 안 믿어지다가도 믿어지고, 이런 상태다. 한 마디로 양쪽에서 왔다 갔다 하는 사람이다. 그래서 "진짜 천국이 있긴 있나? 기독교인들이 말하는 천국이 정말 있다면 삶의 가치를 세상에 두면 안 되잖아."하고 생각하면서도 반신반의해 교회에 안 가는 사람이 많다. 간혹 남편이나 아내 손에 이끌려 마지못해 교회에 다니는 경우도 있는데, 천국이 있는지 없는지 의문이 끊이지 않는다.

세 번째는 천국이 확실히 있다는 것을 100% 믿는 사람이다. 크리스천이라면 당연히 세 번째 사람이어야 한다. 천국은 분명히 존재하며 하나님은 살아 계신다. 이를 논리적으로 증명할 수 있는데, 인간의 본능에서 그 답을 찾을 수 있다.

인간의 가장 원초적인 첫 번째 본능은 식욕이다. 갓 태어난 아기는 누가 가르쳐 주지 않아도 엄마 젖을 찾아서 먹는데 이는 식욕의 본능이 있기 때문이다. 그렇다면 식욕의 본능은 무엇이 있음을 증명할까? 그것은 바로 음식의 존재를 증명한다.

두 번째로 성욕의 본능이 있다. 상대를 갈구하는 성욕이 있다는 것은 이성이 있다는 것을 증명한다.

세 번째로 신앙의 본능이 있다. 인간에게는 뭔가 절대자에게 의지하려는 본능이 내재되어 있으며 이것은 신이 존재함을 보여준다. 인류 문명의 역사는 신의 역사라고 할 만큼 인간이 있는 한 신을 인정하고 숭배해 온 것을 역사와 자료가 증명한다.

네 번째로 내세의 본능이 있다. 인간은 영의 존재이기에 육과 혼을 넘어선 영의 세계를 자신도 모르게 감지하고 또 갈구한다. 이것은 결국 영적 세계가 존재함을 증명한다.

영의 것을 놓치지 마라

우리는 인간적인 본능인 식욕과 성욕은 인정하지만, 정작 신앙의 본능인 신과 천국의 존재에 대해서는 확신을 가지려 하지 않는다.

하나님이 에덴동산에 인간을 만드셨을 때 본능적으로 하나님을 섬기도록 만들어 놓으셨다. 그런데 우매한 인간은 유일신이신 하나님만을 섬기는 것이 아니라 범신론의 죄를 저지르고 말았다. 다른 것까지 신격화시켜 섬기는 우를 범한 것이다.

삶은 돼지머리를 상 위에 올려놓고 고사 지내는 사람들을 가끔 본다. 돼지 코에 만 원짜리 지폐를 쑤셔 넣고 큰절을 한다. 죽은 돼지에게 절하는 모습은 인간이 얼마나 미련한가를 보여주는 절정이다. 신의 존재를 알면서도 어떤 것이 참 신인지 모르니 돼지머리를 의지하는 인생으로 사는 것이다. 이러면서도 참된 신의 존재를 궁금해 하지 않으니 참으로 안타깝고 기이한 일이다.

하나님은 이 세상 만물을 창조하셨다. 낮이 있으면 밤이 있고, 선이 있으면 악이 있고, 진리가 있으면 불의가 있고, 육체가 있으면 영혼이 있고, 육의 장막이 있으면 영의 장막이 있고, 세상 나라가 있으면 하나님 나라가 있듯, 다 상대적인 것이다.

그런데 우리는 세상 것에만 치우쳐 영의 것은 다 놓치고 있다. 이것은 엄청난 잘못이다. 육이 있으면 영이 있는데 우리는 왜 영의 부분을 외면하는 것일까? 세상 나라가 있으면 하나님 나라가 있는데, 왜 우리는 세상 것만 생각할까?

이제 우리의 생각에서 영의 세계를 발견하는 지식이 열려야 한다. 천국의 지식이 열려야 한다. 맛있는 음식이 있기에 식욕이 생기는 것처럼, 무언가 섬겨야겠다는 마음이 드는 것은 신이 있기 때문이다. 그러나 이 세상에는 예수를 알지 못하게 방해하는 영적 존재인 사단이 존재한다. 우리가 주님께로 향해 구원받는 것을 막으려는 것이다.

내 안의 하나님 나라

천국에 대한 확실한 소망을 갖고 있다면 우리는 이미 천국을 소유한 자이다. 예수님이 제자들에게 소망을 주기 위해 "내가 너희를 위하여 거처를 예비하러 가노니 가서 너희를 위하여 거처를 예비하면 내가 다시 와서 너희를 내게로 영접하여 나 있는 곳에 너희도 있게 하리라."고 하셨다. 예수님이 죽으시고 부활 승천하셔야 성령이 오셔서 하나님의 나라, 아버지 집을 예비할 수 있는 것이다. 그런데 제자들은 이 말씀을 정확하게 이해하지 못했다.

그래서 도마가 어디로 가야 될지 물어 보고 있다. 예수님은 거처할 처소를 말씀하시는데 도마는 "어느 길로 가야만 우리가 이걸 만

날 수 있습니까?”라고 물었다. 길을 모르겠다는 것이다. 그래서 주
님은 내가 곧 길이요, 진리요, 생명이라고 하셨다. 그리고 나로 말
미암지 않고는 아버지께로 올 자가 없다고 분명하게 말씀하셨다.

하나님 나라는 반드시 존재하나, 먼저 내 안에 하나님 나라가 이
루어져야 한다. 하나님 나라가 이루어지지 않으면 슬픔과 애통, 근심,
이런 것밖에 없다. 결국 불의, 고통, 거짓, 탐욕, 시기만 낳게 된다.

말씀을 모르면 길을 모른다. 어디가 음부의 길인지, 어디가 천국
의 길인지 모른다. 바로 제자들도 이렇게 몰랐다. 그렇기 때문에 예
수를 믿으면서 내 안에 하나님의 나라를 이루고자 한다면 먼저 그
분의 존재가 내 안에 들어와야 한다. 성령이 내 안에 들어와 내 배
에서 생수의 강이 흘러넘쳐야 한다. 에스겔 47장 5절의 말씀에서와
같이 머리까지 완전히 푹 잠기는 신앙이 되어야 한다. 생수의 강에
완전히 잠기어 내 육의 생각이 죽어 버리면, 하늘의 신령한 것이 내
안에서 움직일 수 있다. 그래서 영의 생각으로 기쁨과 감사 속에서
이 세상을 초월하고 간다는 것이다. 그러기 위해선 믿음을 빨리 확
실하게 세워야 한다. 영적인 믿음의 단계가 발목이나 무릎이나 허
리 단계에 있다면 고여서 썩어 버린다. 그런데 넘치는 충만한 단계
가 되면 물이 계속 흘러 썩은 물도 어디론가 가버린다. 새로운 물이
계속 내 마음에 샘솟듯 솟아 기쁨이 차고 넘치게 된다.

많은 기독교인들이 자살하는 것은 그 마음속에 진정으로 천국을 소유하지 못했기 때문이다. 나 역시 신앙생활을 하면서도 자살하려고 남한산성에 올라간 적이 있다. 세상 사는 것이 재미가 없고 고통스러우니 그런 생각을 한 것이다.

신앙생활을 한다고, 환상이 열렸다고, 천국과 지옥을 보고 왔다고 하나님 나라가 다 이루어진 것이 아니었다. 내 마음에 하나님 나라가 이루어지지 않으니 기쁨과 소망이 없었다. 그것은 내가 그분을 전적으로 신뢰하지 못한 결과였다. 천국이 있음을 온전히 신뢰하지 못했던 것이다.

거짓 신이 있고 참 신이 있지만, 진짜 주인은 단 한 분이다. 주인이 둘이 될 수 없다. 인간이 두 주인을 섬긴 것이 무엇인지 알고 있는가? 하나님을 섬기면서도 물질을 섬기는 것이다. 하나님도 주인이요 물질도 주인이다. 그러나 우리는 이 세상의 창조자가 진정 누구인지 깨달아야 한다. 하나님이 예비하신 나라로 예수님이 신랑으로 오셔서 우리를 신부로 데리고 갈 그 사랑을 깨달아야 한다.

육신이 세상을 떠나면 고통과 슬픔, 행복과 기쁨을 느끼지 못한다. 이 땅에 살아 있는 동안 주님이 예비하신 나라에 대해 소망을 갖고 살아야 삶이 기쁘게 되는 것이다.

우리는 5,000만 원을 타려고 3년 동안 꼬박꼬박 적금을 부으며 소망을 갖는다. 돈 5,000만 원에도 그처럼 소망을 갖는데, 육신의 장막을 벗어나 예수님을 만나고 천국에 가는 것에는 당연히 더 큰 소망이 있어야 한다.

우리는 항상 하나님과 영적인 교통이 이루어져야 한다. 하나님 나라가 내 안에 이미 이루어져 그 예비하신 나라를 바라보고 있어야 한다. 천국은 고통과 아픔, 눈물, 이와 같은 어둠이 없는 곳이다. 그 천국을 우리가 이제 소유해야 한다. 세상이 주는 평화는 피상적이요, 일시적이요, 상대적이지만 주님이 주시는 평안은 절대적이다.

내 안에 하나님 나라가 이루어지고 있는가? 기쁨과 감사가 넘치고, 생수의 강이 넘쳐 온전한 천국을 소유했다면 내 안에 하나님 나라가 이루어진 것이다.

"그가 나를 데리고 성전 문에 이르시니 성전의 앞면이 동쪽을 향하였는데 그 문지방 밑에서 물이 나와 동쪽으로 흐르다가 성전 오른쪽 제단 남쪽으로 흘러내리더라. 그가 또 나를 데리고 북문으로 나가서 바깥 길로 꺾여 동쪽을 향한 바깥 문에 이르시기로 본즉 물이 그 오른쪽에서 스며 나오더라. 그 사람이 손에 줄을 잡고 동쪽으로 나아가며 천 척을 측량한 후에 내게 그 물을 건너게 하시니 물이 발목에 오르더니 다시 천 척을 측량하고 내게 물을 건너게 하시니 물이 무릎에 오르고 다시 천 척을 측량하고 내게 물을 건너게 하시니 물이 허리에 오르고 다시 천 척을 측량하시니 물이 내가 건너지 못할 강이 된지라. 그 물이 가득하여 헤엄칠 만한 물이요 사람이 능히 건너지 못할 강이더라.

그가 내게 이르시되 인자야 네가 이것을 보았느냐 하시고 나를 인도하여 강가로 돌아가게 하시기로 내가 돌아가니 강 좌우편에 나무가 심히 많더라. 그가 내게 이르시되 이 물이 동쪽으로 향하여 흘러 아라바로 내려가서 바다에 이르리니 이 흘러내리는 물로 그 바다의 물이 되살아나리라.

이 강물이 이르는 곳마다 번성하는 모든 생물이 살고 또 고기가 심히 많으리니 이 물이 흘러 들어가므로 바닷물이 되살아나겠고 이 강이 이르는 각처에 모든 것이 살 것이며 또 이 강가에 어부가 설 것이니 엔게디에서부터 에네글라임까지 그물 치는 곳이 될 것이라. 그 고기가 각기 종류를 따라 큰 바다의 고기 같이 심히 많으려니와 그 진펄과 개펄은 되살아나지 못하고 소금 땅이 될 것이며 강 좌우 가에는 각종 먹을 과실나무가 자라서 그 잎이 시들지 아니하며 열매가 끊이지 아니하고 달마다 새 열매를 맺으리니 그 물이 성소를 통하여 나옴이라 그 열매는 먹을 만하고 그 잎사귀는 약 재료가 되리라."(에스겔47:1-12)

당신은 신령한 크리스천인가?

교회만 다닌다고 참된 크리스천이 되는 건 아니다. 하나님의 영적 세계, 즉 신령한 것을 구별할 줄 아는 성도가 진짜 크리스천이 될 자격이 있다. 그렇다면 신령한 자란 대체 어떤 사람일까? 나는 과연 진정한 크리스천일까?

많은 교회가 세워져 있지만 성령님이 진정 원하는 교회, 주님의 음성을 잘 듣는 교회가 계속 줄어들고 있는 것 같아 참으로 안타깝다. 우리는 세상에 살고 있기 때문에 믿음이 부족한 성도들은 영의 소리를 듣더라도 이것을 바르게 이해하지 못한다. 오히려 이상하다고 판단하고, 문제가 있다고 정죄하기도 한다. 말씀을 들으면서도 쉽게 불평하고, 내가 갖고 있는 세상적인 지식이 기독교에 대한 생각과 맞지 않으면 "무슨 저런 교회(목사)가 다 있어?"하며 곧바로 비난의 화살을 쏘아 버린다. 그래서 자신의 가치관에 맞는 교회를 찾아 옮겨 다닌다. 또는 교회에 등록하지 않고 설교만 듣는 경우도 많다. 이들은 이구동성으로 "이렇게 신앙생활 하는 것이 오히려 속 편하다.", "오늘날 목회자들이 너무나 잘못된 것이 많고 여러 가지 일들로 시험에 들게 한다. 그래서 차라리 내가 오고 가는 것이 눈에 안 띄는 큰 교회에 가서 등록하지 않고 그냥 예배만 드린다."라고 말한다.

그러나 성숙한 그리스도인, 영적인 그리스도인들은 어떤 상황에서도 교회에 충성하면서 나아간다. 반면 아직 어리고 성숙하지 못한 심령들은 교회만 왔다 갔다 하면 되는 것으로 안다. 편리를 좇아 인본주의로 달려가다 보니 점점 더 영적인 것이 무너지고 있다.

세상에선 선한 자, 하나님 앞에선 악한 자

하나님께서 인간을 바라보실 때 정확히 두 종류로 명확하게 구분하신다. 하나는 육체에 속한 사람이고, 다른 하나는 영에 속한 사람이다.

세상에서는 사랑과 자비를 베풀고, 선을 행하며, 법을 지키고 정당하게 살면 아주 선한 사람이라고 생각한다. 그러나 우리 하나님 앞에서는 하나님의 존재를 부정하는 자, 하나님을 믿지 않는 자는 모두 악한 자일 뿐이다. 하나님 말씀을 듣지 않고, 하나님 말씀대로 살지 않으며, 하나님께 돌아오지 않는 자는 선행을 베풀더라도 그저 '악한 자'에 불과하다.

하나님은 이 세상 만물을 창조하신 주인이므로, 이 세상에 살고 있는 모든 피조물은 하나님 발 앞에 복종하게 되어 있다. 그런데 우리 인간이 하나님께 복종하지 않고 오히려 다른 우상을 만들어 숭배한다. 요한계시록 16장에 보면 '물 위에 앉은 큰 음녀'가 나온다. 물 위에 앉은 큰 음녀는 말씀을 변질시켜 실천하지 못하도록 만든다. 하나님께 복종치 않고 오히려 반역하며 다른 것을 숭배하도록 조종하는 것이다.

영의 성장을 위한 분별

교회를 세워 놓고 양들을 마음대로 휘두르며, 영혼 구원보다 외적으로 드러나는 성공에 목적을 둔 인본주의의 거짓 목자들이 참 많다. 반면, 정말 영혼을 살리려고 노력하고 오직 말씀 안에서 하나님의 구별된 백성들을 만들어 내려고 노력하는 목자도 있다. 오늘날 우리가 이것을 바르게 분별하지 않으면 신령한 성도가 될 수 없다. 거짓 목자 밑에서 신앙생활을 하면 영이 성장할 수 없기 때문이다.

그렇다면 진정 신령한 것을 어떻게 구별할 수 있을까? 먼저 성령을 받지 않고는 구별할 수 없다. 하나님의 영, 영적 세계를 모르고는 신령한 것을 구별할 수 없는 것이 당연하다. 따라서 하나님 말씀을 바르게 이해할 수 있는 성령을 간절히 사모해야 한다.

내가 등록해서 섬기는 교회가 정말로 참된 교회인지 분별해야 하는데 외적으로 보기 좋고, 소문이 좋다고 그 교회가 100% 보증되는 것은 아니다. 어린 신앙은 이를 구별하지 못하기 때문에 영적으로 성숙해야 한다. 내가 출석하는 교회가 신령한 말씀이 있고 그 말씀이 살아 있다면 그것은 우리에게 최고의 복이다. 그러나 내가 분별할 줄 모르면 쉽게 판단하거나 정죄하지 말아야 한다.

우리 육신이 주 안에서 거듭났다고는 하지만 거듭남이 끝이 아니다. 거듭났다고 바로 영의 사람이 되진 않는다. 거듭났으면 이제는 하나님의 말씀을 먹으면서 자라나야 한다. 왜냐하면 우리의 육체보다 영혼을 살찌우는 것이 중요하기 때문이다.

내 안의 성령으로

영의 것과 육의 것을 어떻게 구분할 수 있을까? 육의 사람이 어떻게 영적인 것을 감지할 수 있을까? 할 수 없다. 육에 속한 사람은 세상 것만 감지한다. 절대로 하나님을 감지하지 못하고 오히려 거부해 버린다. 아무리 자세히 영의 것을 가르쳐 줘도 거부하고 제멋대로 판단해 버린다. 따라서 신앙이 자랄 수 없다.

"우리가 이것을 말하거니와 사람의 지혜가 가르친 말로 아니하고 오직 성령께서 가르치신 것으로 하니 영적인 일은 영적인 것으로 분별하느니라."(고전2:13), "너희는 아직도 육신에 속한 자로다 너희 가운데 시기와 분쟁이 있으니 어찌 육신에 속하여 사람을 따라 행함이 아니리요."(고전3:3) 이 말씀은 사람의 지혜로 하나님 말씀을 알 수 없고, 오직 하나님의 지혜로 깨달으며, 성령의 조명을 받아야 영적인 것을 분별할 수 있다는 사실을 알려준다. 내 안에 성령이 없으면 영의 것과 육의 것을 결코 분별할 수 없다.

오늘날도 마찬가지이다. 아무리 죄악의 세상 속에 있다 할지라도 우리가 하나님의 형상을 입은 성숙한 그리스도인이 되어 있다면 절대로 오염되지 않는다. 히브리서 4장 12절에 하나님의 말씀은 살아 운동력이 있어 우리의 혼과 영과 관절과 골수를 찔러 쪼개기까지 한다고 했다. 살아 있는 말씀을 먹는 성도는 날마다 변화된다. 육의 것과 영의 것을 분별할 수 있게 되어 세상 속에서도 신령한 그리스도인으로 살아갈 수 있다. 그저 몸만 교회에 출석하고 예배 드렸다고 해서 신령한 성도가 아니다. 마음 문을 활짝 열어놓고 하나님 말씀을 먹어야 진정 구별된 자이다.

죄를 과감히 물리쳐야

'귀신'이나 '마귀' 이야기를 하면 기겁을 하며 손사래를 치는 성도들이 많다. 대부분 '그런 거 알 필요 없고, 그냥 교회만 다니자. 괜히 알았다가 잘못되면 어떡해.' 하고 생각하며 이상한 것으로 치부해 버린다. 그래서 아예 들으려고도 하지 않는다. 그러나 이러한 부분도 반드시 알아야 한다.

신령한 성도는 죄악의 길로 행하지 않으며 우리 육체를 타락시키지 않는다. 몸과 마음과 모든 물질, 시간까지도 구별해 하나님 아버지 앞에 드릴 줄 아는 자가 진정 신령한 자이다. 신령한 사람은 신령한 것을 구별할 줄 알고, 무엇이 유혹인 줄도 알아 과감히 거부할 수 있다. 그러므로 아직 신앙이 어린 사람은 성령을 받아 영적인 것을 알아야겠다는 각오를 다져야 한다.

세상 밖에 나가면 믿는 사람들보다 안 믿는 사람들을 더 많이 접한다. 세상 문화는 귀신의 문화가 되어 버렸으나, 하나님의 영이 충만하다면 악한 것과 잘못된 것을 강하게 거부할 수 있다. 우리는 끊임없이 삶을 파괴시키는 더러운 영들을 구별해 물리쳐야 한다. 시편 1편의 말씀처럼 복 있는 사람은 악인의 꾀를 좇지 않는다. 죄인의 길에 서지도 않는다. 오만한 자의 자리에 앉지도 않는다. 오직 여호와의 율법을 즐거워하여 그 율법을 주야로 묵상한다. 우리가 그렇게 할 때 시냇가에 심은 나무가 시절을 좇아 과실을 맺고, 하나님이 주시는 만사형통의 복을 받을 수 있다.

신령한 성도는 더러운 것을 벗어낼 뿐 아니라 이웃의 더러운 것까지도 닦아 주고, 잘못되고 어그러진 것을 바로잡아 평탄의 길을 만들어 줄 수 있는 그런 자이다.

악한 것을 구별하는 눈

신령한 것을 구별할 줄 아는 성도는 항상 생각에서 감지한다. 내 생각인지, 주님의 생각인지, 영의 것을 감지하는 성도들이 되어 하나님이 보시기에 정말 아름다운 교회, 아름다운 성도, 아름다운 일꾼이 되어야 한다.

요즘 귀신의 문화가 세상에 판치고 있다. 머리를 요상하게 만들어 흩뜨리거나 날카로운 모습으로 세우는가 하면, 몸 여기저기에 짐승의 모양으로 문신을 한 이들이 있다. 몸에 그런 형상이 있으면 영적인 복을 받지 못하므로 하루빨리 지우길 바란다. 하나님은 그런 짐승의 형상을 싫어하신다.

이 땅의 우상 숭배는 거의 짐승 숭배에 가깝다. 식당에 북어 머리를 걸어 놓거나, 목 잘린 죽은 돼지머리가 신이라고 제사를 지낸다. 우리 조상 때부터 이어져 내려온 이 저주, 즉 사망으로 끌고 가려는 저주의 뿌리가 남아서 그렇다.

그러나 이제는 분별을 해야 한다. 돼지머리에 절하면 얼마나 잘 된다고 생각하는가? 이는 우리 인간이 연약한 존재임을 증명할 뿐이다. 하나님은 인간이 신을 섬기지 않으면 안 되는 불완전한 존재로 만드셨다. 하지만 하나님을 모르기 때문에 엉뚱한 다른 신을 섬기는 것이다.

이제 우리는 하나님의 지혜를 받아들여 하나님의 영을 모셔 들이고 신령한 것을 구별해 어떤 상황에서도 넘어지지 않고 승리해야 한다. 하나님을 잘 섬기고 신령한 것과 악한 것을 구별하면 위기가 없다. 하나님 말씀이 살아 있는 것처럼 주의 말씀이 음성으로 들려질 때 우리의 심령이 살아나고, 질병이 고쳐지고, 문제가 해결되며, 원수가 떠나간다.

우리의 마음을 성령의 전으로 세워 성숙한 그리스도인, 신령한 그리스도인이 되어야 한다. 영의 사람은 영의 것만 본다. 비록 육에 속해 있지만 항상 영의 것을 추구하는 여러분이 되기를 소망한다.

"우리가 이것을 말하거니와 사람의 지혜가 가르친 말로 아니하고 오직 성령께서 가르치신 것으로 하니 영적인 일은 영적인 것으로 분별하느니라."(고린도

“너희는 아직도 육신에 속한 자로다 너희 가운데 시기와 분쟁이 있으니 어찌 육신에 속하여 사람을 따라 행함이 아니리요.”(고린도전서3:3)

❖

믿음으로 나아가는 세 단계

하나님이 창조하신 이 세상은 물이 없으면 살 수 없다. 꽃 한 송이도 물이 없으면 당장 시들어 죽어 버리고, 인간을 비롯한 모든 자연 만물이 물 없이는 생명을 유지할 수 없다.

예수님은 이 땅에 오셔서 인간에게 세 가지 생수를 선물로 주고 가셨다. 요한복음을 살펴보면 세 가지 생수에 대한 언급이 있는데, '물' 자체의 뜻은 같지만 그 '물'이 지향하는 영적인 맥은 각기 다르다는 것을 발견할 수 있다.

첫째로 예수님은 요한복음 4장 14절에서 사마리아 여인에게 생수에 대해 말씀하셨다. 그녀는 이 땅에서 무언가 만족을 찾으려 했으나 찾지 못했던 여인이었다. 오늘날 우리 주변에도 세상에서 만족함을 채우려고 하다가 또다시 죄를 짓는 사람들이 있다. 예수님께서는 이런 죄인들, 즉 사마리아 여인과 같은 이들에게 구원의 생수, 영생의 생수를 마실 것을 요구하셨다.

두 번째 생수는 요한복음 7장 38절에 등장하는데 이는 성령의 생수를 뜻한다. 세 번째 생수는 요한복음 3장 5절에 언급되어 있는데 이는 희생과 봉사의 생수를 의미한다.

영원히 목마르지 않는 구원을 위하여

주님께서는 전도 여행을 하시던 중 사마리아 우물가, 즉 야곱의 우물에 도착했다. 제자들이 배고파 먹을 것을 구하러 동네로 내려간 사이에 예수님은 야곱의 우물가에서 사마리아 여인이 오는 것을 기다리고 계셨다. 그 여인은 예수님을 만나 말씀을 들었다.

"네가 이 샘물을 먹고 나면 또 갈증이 나지만 내가 주는 물은 절대로 갈증이 없단다."

사마리아 여인은 이 말씀이 그대로 믿어져 "그러면 나에게 목마르지 않는 그 생수를 주십시오."라고 했다. 그러자 예수님은 "네가 아직 내 말의 뜻을 모르고 있구나."라고 하시며 "네 남편을 데리고 오라.”고 말씀하셨다.

이 사마리아 여인은 예수님께서 주시는 물이 영원히 목마르지 않는다고 하니 단순히 그 신기한 물을 좀 달라고 한 것이었다. 그러자 예수님은 영원히 목마르지 않는 생수를 받으려면 “네 남편을 데리고 오라.”고 말씀하신다.

여인이 “나는 남편이 없습니다.”라고 하자 예수님께서는 “맞다. 그러나 너는 남편이 다섯이나 있었다.”고 하셨다. 결국 이 말은 “너는 네 곁에 남편이 다섯이나 있었는데도 불구하고 만족이 없지 않았느냐?”는 뜻이다. 이 여인은 바로 여기서 구원의 생수를 확신하게 되는 것이다.

“맞다. 너는 남편이 다섯이나 있었지만 만족이 없었다. 그래서 아직도 삶의 갈증을 느끼고 있는 것이다. 이제 내가 네게 주는 물은 바로 삶의 갈증을 해소시킬 진정한 생수이다. 곧 말씀을 뜻하는 것이다.”

다섯이나 되는 남편을 데리고 오라고 말씀하신 예수님은 인간이 이 땅에서 안고 살아가는 고통과 문제들을 다 알고 계셨다. 예수님께서 말씀하셨을 때 이 여인은 지혜가 임해 곧바로 물통을 던지고 사마리아 동네로 내려가 그리스도가 나타났다고 전하게 된다. 이 구원의 생수를 사마리아 여인이 받아 먹었을 때, 이 여인은 그냥 있는 것이 아니라 그리스도를 만났다고 힘차게 외치고 전한 것이다.

구약에서 말하는 구원의 생수는 모세가 애굽에서 이스라엘 백성들을 데리고 나와 광야에서 물이 없다고 했을 때 지팡이로 반석을 쳐서 나오게 한 물이다. 반석에서 나온 그 물은 구원의 물이며, 이는 곧 믿음의 물이다. 모세의 지팡이는 능력의 말씀을 의미한다. 백성들이 목이 마르다고 원망하며 아우성칠 때, 하나님께서는 그냥 물을 주신 것이 아니라 지도자 모세를 통해 계시하고 명령하셔서 물을 주신 것이다.

오늘날에도 하나님은 여호와 하나님 앞에 바로 서서 그 뜻을 바르게 헤아리는 목사와 선지자, 사명자를 통해 계시하고 말씀하심으로 반석에서 물이 나오게 하신다. 이스라엘 백성들은 반석의 물을 마셨다. 반석에서 나오는 물은 믿음의 물이며 믿음으로 구원받는다고 했다. 그러므로 우리는 반석에서 물이 나올 것을 굳게 믿고 하나님 마음에 합하여 나아가는 지도자를 따라가야 한다.

성령이 강물처럼 흘러넘치도록

'구원의 생수'를 마셨다고 그것으로 끝이 아니다. 구원의 믿음만 가지고 신앙생활을 하다가는 조금만 은혜가 떨어져도 실족하고 만다. 누구나 믿음으로 살려고 애쓰다가도 어려운 환경을 만나면 원망과 불평이 쏟아지기 마련이다.

그래서 하나님께서는 두 번째로 '성령의 생수'를 선물로 주셨다. 십자가에 못 박히신 예수 그리스도가 3일 만에 부활 승천하시고 보혜사 성령님이 오실 것을 약속하셨다. 물과 성령으로 거듭나지 않으면 결단코 하늘나라에 갈 수 없기 때문이다.

구약의 백성들은 두레박으로 물을 퍼 올리는 수고가 있어야만 생수를 마실 수 있었다. 이것이 바로 율법이다. 그러나 우리 예수님이 이 땅에 오신 후에는 이제 이런 수고를 하지 않아도 된다고 하셨다. 왜냐하면 이제 예수님이 승천하시고 나면 성령의 생수가 강물처럼 흘러넘칠 것이기 때문이다. 내가 받기만 하면, 사모하기만 하면, 배에서 생수의 강이 흘러넘친다. 이것이 성령의 생수이다.

그렇다면 성령의 생수를 마시기 위해 우리는 어떻게 해야 할까? 먼저 하나님의 말씀, 즉 '구원의 생수'를 마셨다면 다음 단계로 넘어가야 한다. 믿음으로 우물을 팠으면 이제는 성령을 사모해 우리의 삶에 성령님을 모셔 들여야 한다는 것이다. 우리는 힘들게 노력하며 살고 있는데 힘들고 노력한 만큼 100배 결실을 맺으려면 성령님과 동행하고 성령님의 뜻을 깨달아야 한다. 이렇게 되면 우리의 심령에서 성령의 강이 흘러넘쳐 내 이웃에게까지 나누어 줄 수 있게 된다. 우리 주님이 승천하신 후 오신 성령님, 보혜사 성령. 이 성령이 한 없이 우리에게 넘쳐흘러야 하는 것이다.

그런데 이것을 아무에게나 주는 것은 아니다. 내가 오늘 예수를 믿고 영접해서 구원의 생수를 마셨다면 이제는 성령의 생수를 마시기 위해서 다시 사모해야 한다. 성령의 생수를 마시기 위해 사모하는 자는 반드시 하나님께서 주시겠다고 약속하셨다. 그러면 성령의 생수를 마신 사람은 어떻게 될까? 심령이 날마다 기쁨으로 만족을 누리며 갈증이 해소된다.

삶이 힘들어 갈증이 나고, 물질이 있어도 만족함이 없는 사람들이 있다. 부와 명예와 권력을 누리며 살아가는 재벌, 연예인 등 남부러울 것 없이 사는 것처럼 보이는 사람들이 우울증에 시달리고 자살하는 사건들이 종종 발생한다. 이것은 어쩌면 당연한 것이다. 성령의 생수를 소유하지 못했기 때문에 세상의 부귀영화를 누려도 만족이 없는 것이다. 그러나 성령의 생수를 마신 사람은 배에서 성령이 강물처럼 흘러 날마다 만족을 누린다. 물질이 없어도 불안이 없고, 주님이 내 마음에 주인 되시니, 근심이 없는 것이다. 마귀는 나에게 근심을 주고, 걱정을 주고, 불안과 초조를 준다. 그러나 우리 마음에 생수의 강이 흘러넘치면 사단이 절대로 침범할 수 없다. 이러한 성령 충만한 신앙인이 자신을 드리는 희생 속에 아름다운 덕을 세우는 봉사로 교회와 성도와 세상을 섬기게 된다. 다시 말하면, 먼저 구원의 생수와 성령의 생수를 마신 자만이 마지막 단계인 자신을 드리는 희생과 봉사의 생수를 마시는 것이다.

오늘날 우리는 요한복음에 언급된 이 세 가지 생수의 의미를 제대로 파악해야 한다. 내가 아직도 구원의 우물만 파고 있다면 빨리 다음 단계로 넘어가야 한다. 사마리아 여인은 구원의 우물에만 머무르지 않았다. 그랬기 때문에 곧바로 이 물동이는 필요 없다고 던져버리고 동네로 내려가 그리스도가 오셨다고 전한 것이다.

우리가 이 땅에서 구원의 우물에 머물러 있다면 내가 정말로 구원받았는지 아닌지 확신하지 못해 불안해진다. 왜냐하면 사단이 계속 공격하기 때문이다. 우리가 구원의 우물만 가지고 살 수 있는 데는 한계가 있다. 그래서 성령의 생수를 마셔야 한다. 이 성령의 생수가 넘치지 않으면 경건한 그리스도인의 삶을 유지하기 어렵다. 성령의 생수를 마시지 못한 사람들 중에는 교회에 열심히 다니는데 왜 하는 일이 잘 풀리지 않느냐고 묻는 경우가 있다. 그러나 그저 교회만 다닌다고 복을 받는다는 말씀은 성경에서 한 구절도 찾아볼 수 없다. 로마서 12장 1절에서는 우리 몸을 하나님이 기뻐하시는 거룩한 산제사로 드리라고 말씀하신다. 또한 요한복음 4장 24절에서는 신령과 진정으로 예배하라고 가르치신다. 이것이 바로 영적 제사이다. 교회에 와서 내 몸도 안 드리고, 마음도 안 드리면서 무슨 예배를 드렸다고 생각하는지 모르겠다. 마음을 온전히 드리지 않고, 그저 몸만 교회에 와서 앉아 있는 것은 진정한 예배가 아님을 꼭 기억하기 바란다.

아낌없이 주고 섬기며

요한복음 13장 5절에 보면 예수님께서 제자들의 발을 씻겨 주는 세족식 장면이 나온다. 이것은 예수님께서 십자가에 못 박히기 전, 예루살렘에 입성해서 하신 일이다. 예수님께서 겉옷을 벗은 후 허리에 수건을 두르시고 제자들의 발을 씻겨 주셨다. 여기서 옷을 벗은 것은 신분을 벗어 버리신 것을 의미한다. 또 수건을 두르셨는데 이는 씻겨준 발을 정성스레 닦아 주기 위해서다.

여기에서 우리는 알 수 있다. 구원의 생수와 성령의 생수를 마신 사람은 이제 세 번째로 봉사와 희생의 생수를 마셔야 한다는 것이다. 말씀과 성령으로 거듭난 우리가 삶에서 나눔과 희생, 봉사가 없다면 이는 진정한 성령의 생수를 마시지 않은 것이다. 우리는 신령한 그리스도인이 되기 위해 구원과 성령과 희생의 세 가지 생수를 반드시 마셔야 한다. 이 세 가지 물을 마신 사람은 이웃에게 봉사하고 희생한다. 아낌없이 주고 섬기며, 나보다 남을 더 높게 여기고 나는 낮아지는, 바로 영에 속한 사람이 되는 것이다.

지금 나는 어느 단계의 생수를 마시고 있는지 알아야 한다. 무언가 만족이 없어 계속해서 나만 알아 달라 하고 나만 복 받아야 하는 이기주의에 빠져 나밖에 모르는 신앙인은 아닌지 스스로 점검해야 한다. 이런 사람들은 나만 잘돼야 한다는 생각을 갖고 있다.

겉옷을 벗어 계급을 없애 버리고, 세상에 나가 희생하고, 열심히 섬기며 나아갈 때 물론 어려움이 있을 수 있다. 세상의 험담과 비난을 들을 수도 있다. 세상의 흙이 묻을 수도 있고 이로 인해 우리의 발걸음이 더럽혀질 수도 있다. 그러나 악한 사단이 계속해서 공격하더라도 우리는 끝까지 봉사하고 충성하며 내 영을 잘 관리해야 한다. 그리고 부족한 것은 성령님께 의탁하면 된다. 성령님께 의탁하면 반드시 도와주시고, 영적 전쟁에서 승리할 수 있도록 축복해 주신다. 이 은혜가 주님 앞에 가는 그날까지 여러분의 것이 되어야 한다.

"내가 주는 물을 마시는 자는 영원히 목마르지 아니하리니 내가 주는 물은 그 속에서 영생하도록 솟아나는 샘물이 되리라."(요한복음4:14)

"나를 믿는 자는 성경에 이름과 같이 그 배에서 생수의 강이 흘러나오리라 하시니 이는 그를 믿는 자들이 받을 성령을 가리켜 말씀하신 것이라."(요한복음 7:38~39)

"이에 대야에 물을 떠서 제자들의 발을 씻으시고 그 두르신 수건으로 닦기를 시작하여"(요한복음13:5)

❉

성령의 예리한 검

우리는 세상의 수많은 책들에 둘러싸여 있다. 이 책들은 우리에게 지식은 주지만 결코 생명은 주지 못한다. 오직 하나님 말씀만이 생명이 있다. 성경은 종이에 인쇄된 까만 글씨지만 살아서 역사하시는 하나님의 말씀이기 때문에 이것을 읽으면 우리의 영이 살아난다. 그래서 성경은 생명의 책이자 기적의 책이다.

하나님의 말씀은 살아 있고, 운동력 있으며, 좌우에 날 선 어떤 검보다도 예리해 우리의 혼과 영과 관절과 골수를 찔러 쪼개기까지 한다. 이것을 경험하려면 성경 말씀을 하나님의 말씀으로 온전히 받아들여야 한다.

　신약 성경의 에베소서 6장에 보면 우리 크리스천들이 악한 영들을 대적하려면 믿음의 방패, 구원의 투구, 진리의 띠, 의의 흉배를 가질 것을 권면한다. 그리고 그 최고봉에 성령의 검, 곧 하나님의 말씀을 가지라고 말하며 끝을 맺는다.

　여기서 말씀을 왜 검, 즉 칼이라고 했을까? 칼은 크게 세 가지 용도로 쓰인다. 첫 번째로 전쟁에서 쓰는 칼이 있다. 옛날에는 전쟁할 때 모두 칼로 싸웠다. 이는 사람을 죽이는 칼이다. 두 번째로 연장으로 쓰는 칼이 있다. 고기를 다듬고 야채를 썰어 요리할 때 쓰므로 아주 유용한 칼이다. 세 번째로 생명을 살리는 칼이 있다. 이는 상처를 고치는 칼로 의사들이 쓰는 메스이다. 결국 칼은 싸우고 죽이지만 살리고 고치는 역할도 한다.

　그런데 하나님은 왜 이 칼을 '성령의 검'이라 표현했을까? 이는 말씀이 결국 칼과 같은 기능을 가지고 있기 때문이다. 의사가 메스를 사용함으로써 아픈 사람을 건강하게 고치듯이 말씀으로 찔림을 받아야 인간이 변화되어 영적으로 성장할 수 있기 때문이다.

　많은 사람들이 건강하고, 가족이 편안하게 살고, 경제적인 복을 받고, 높은 지위에 오르는 것을 최고의 복으로 안다. 그런데 이것이 세상에서는 최고의 복이지만 영적 세계에서는 최고의 복이 아니다. 하늘에서는 영혼이 잘되고 범사가 잘되고 강건한 복을 받는 것, 이

것이 최고의 복이다.

이 최고의 복을 얻기 위해선 우리가 늘 말씀의 검에 찔려야 한다. 이 검에 그냥 상처만 입어선 안 된다. 잘못된 곳을 도려내는 수술을 받아야 한다. 우리가 살고 있는 이 시대는 너무나 곪았다. 정치, 사회, 문화, 교육 등 다방면에 걸쳐 곪아 있다. 자기들이 곪아 있으면서 다른 사람이 곪았다고 터뜨린다. 그래서 서로 전이되고 전염돼 버린다.

하나님 말씀은 성령의 검, 즉 성령으로 조명된 능력이다. 성령의 영감을 통해 주신 계시적인 말씀이 바로 칼이다. 의사들은 육의 칼로 수술을 하지만 영적인 의사인 목사들은 오직 성령의 말씀으로, 영의 칼로 수술한다. 오늘 우리는 하나님 말씀 안에서 찔림 받고 쪼개져서 속살을 훤히 드러내야 한다. 썩어진 것을 하나님 말씀으로 수술해서 완전히 도려내야 한다.

예수님께서는 이 땅에 오셔서 십자가에 매달리시고, 죄인을 살리기 위해 찔림을 당하셨다. 우리는 우리의 죄성이 찔림 받아 완전히 없어지도록 해야 한다. 내 생각을 완전히 죽여야 한다. 구원의 첫 단계는 예수님이 십자가 위에 올라가셔서 우리의 죄를 용서함으로써 내가 구원받았다는 사실을 믿는 것이다. 그래서 이제 영으로 만나길 원하신다. 이스라엘 백성들이 광야에서 헤맸던 것은 찔림만 받았지 진정한 영적 수술을 못 받았기 때문이다.

약에는 세 종류가 있다. 첫째로 보약이 있고, 두 번째로 예방약인 건강식품이 있으며, 세 번째로 치료약이 있다. 성경의 십계명은 우리 영혼이 잘못될 수 있는 부분에 대해 예방해 주는 내용으로 되어 있다. 그러므로 죄를 차단하고 우리의 영적 건강에 도움을 주는 진정한 보약이 말씀이다. 결국 성경은 우리에게 항상 영의 힘을 얻게 해 준다.

이미 병들어 버린 사람에겐 예방약이 소용 없다. 건강한 사람이 병들기 전에 이 예방약을 먹어야 건강해진다. 반면에 치료약은 병든 사람에게 꼭 필요한 약이다. 이와 같이 우리 삶의 잘못된 영역은 세상의 지식으로는 고칠 수 없고, 오직 하나님의 말씀만이 해결책을 제시해 고칠 수 있다. 그러므로 성경이 보약도 되고, 예방약도 되고, 치료약도 된다. 결국 말씀 자체에 이 모든 것이 다 들어있다는 것이다.

이것이 믿어져야 혼과 육적인 것들을 말씀의 검으로 고칠 수 있다. 이 치료약으로 영과 혼과 육의 잘못된 것, 병든 것을 치료하는 것이다.

영의 안방으로 성큼성큼 가라

인간에게는 육肉과 혼魂과 영靈의 세계가 있는데, 이것을 현관과 거실과 안방으로 비유할 수 있다. 집에는 현관이 있다. 육의 현관을 들어가면 혼적인 거실이 나온다. 그 다음에 영적인 안방이 나온다. 이 안방은 주인만 들어가는 곳이다.

현관은 믿음 생활에 깊이 들어가지 못한 교인을 뜻한다. 이들은 그저 교회 뜰만 밟고 예배 드리러 온다. 말씀을 듣고도 믿음이 들어가지 않고, 자리만 지킬 뿐이다. 몸은 와 있어도 마음과 생각은 항상 세상에 있다. 한마디로 현관 교인이자 육적인 교인이다.

거실은 소파에서 손님을 맞이하거나 식탁에서 음식을 먹는 공간으로, 혼적인 교인은 거실에 머무르는 단계다. 거실은 편하게 앉아 있을 순 있지만 진정한 쉼은 없는 곳이다. 주님과 일대일로 영의 세계에 들어가는 은밀한 공간은 결코 아니다. 혼적인 관계로만 믿음 생활을 하는 사람은 조금은 편할 수 있어도 진정한 안식을 누릴 수 없다.

주인만 들어가는 안방이야말로 진정한 쉼이 있는 곳이다. 은밀한 대화가 있고 사랑을 표현하며 실천할 수 있는 곳이다. 우리의 영이 하나님과 교제하며 깊은 영적 세계에 들어간다는 뜻이다. 우리는 날마다 예수님과의 깊은 만남을 위해 안방까지 성큼성큼 들어가야 한다.

참된 안식을 위하여

성령의 검으로 찔림을 받고 쪼갬을 받아 하나님 앞에 내가 태워져야 한다. 우리의 육이 태워져 버렸을 때, 내 속의 영이 살아서 움직인다. 말씀 속으로 들어갈 때 하나님 앞에 존귀한 자로 드러나고, 아버지 앞에 영광 돌리는 자로 드러나고, 이 땅의 승리자로 드러나게 된다. 하나님의 영광을 드러내는 것이 우리 인간의 본분이다.

하나님 앞에 말씀대로 사는 것 외에 다른 것은 없다. 말씀대로 사는데 죽을 맛이라고들 한다. 그러나 죽을 맛이라고 하지 말길 바란다. 왜 죽을 맛을 느끼는가? 갈라디아서 2장 20절의 말씀과 같이 나를 십자가에 못 박아야 한다. 나 자신을, 자아를 죽여 버리길 바란다. 그래야만 영이 산다.

지금 주님과 나의 관계가 현관인지 거실인지 안방인지 점검해 보라. 지금 애굽에서 나와 광야에 머물고 있는가? 아니면 광야에서 가나안 땅을 향해서 가고 있는가? 그것도 아니면 가나안 땅에 들어가 있는가? 우리는 가나안 땅에 들어가 또 할 일이 있다. 그러기 위해선 우리의 믿음이 육과 혼과 영의 단계로 올라가 반드시 성장해야 한다. 결국 참된 영의 안식 안에 들어가라는 것이다.

결론을 맺는다. 말씀의 검, 성령의 칼로 우리가 영적 수술을 받아 영이 자유함을 얻어 깊은 영적 세계에 들어가 아버지가 주시는 은혜를 다 받아 누려야 한다. 육적이고 혼적인 신앙으로 현관과 거실에만 머물지 말고, 이제는 안방에 들어가 영혼의 쉼을 누리는 성도가 되길 바란다. 또한 영적 전쟁에 쓰는 성령의 검을 우리가 직접 사용해 상처받은 영혼들을 치료하고 감싸주는 그리스도인으로 세워져야 할 것이다. 주님께서는 사랑하는 성도들이 온전히 하나님의 신령한 말씀으로 늘 채우길 원하신다. 이미 주신 말씀들, 복을 주신 말씀들을 온전히 내 것으로 만들어 그대로 유지하고, 기적을 일으키는 여러분이 되길 원하신다. 그 기적을 통해 주님께 영광 돌리는 믿음의 성도들이 되어야 할 것이다. 할렐루야!

"하나님의 말씀은 살아 있고 활력이 있어 좌우에 날 선 어떤 검보다도 예리하여 혼과 영과 관절과 골수를 찔러 쪼개기까지 하며 또 마음의 생각과 뜻을 판단하나니 지으신 것이 하나도 그 앞에 나타나지 않음이 없고 우리의 결산을 받으실 이의 눈앞에 만물이 벌거벗은 것 같이 드러나느니라."(히브리서4:12–13)

"내가 그리스도와 함께 십자가에 못 박혔나니 그런즉 이제는 내가 사는 것이 아니요 오직 내 안에 그리스도께서 사시는 것이라. 이제 내가 육체 가운데 사는 것은 나를 사랑하사 나를 위하여 자기 자신을 버리신 하나님의 아들을 믿는 믿음 안에서 사는 것이라."(갈라디아서2:20)

가장 위험한 단어, "적당히"

우리는 신앙생활을 하면서 말씀을 깨닫고 받아들일 때는 잘못을 회개하고 새롭게 다짐을 한다. 그러나 내 형편과 처지를 걱정해야 할 극한 상황이 되면 이런 결과가 온 것에 대해 하나님을 원망하고 하나님의 명령에 순종치 않는다.

사단의 전략은 아주 교묘해서 바로 이럴 때 우리가 현실과 "적당히" 타협하도록 만든다. 즉, 우리를 향한 하나님의 요구를 낮추도록 만들고, 우리가 하나님 요구대로 순종하지 못하도록 방해한다. 말씀을 빼거나 자기의 감정을 더하거나 하는 것이 결국 사단의 계략임을 깨달아야 한다.

모세를 통해 말씀하셨던 하나님은 오늘도 우리가 그 말씀대로 살아갈 수 있도록 각자에게 요구하신다. 그러므로 우리는 하나님의 계획에 늘 귀 기울이고, 깨닫고, 이루어 나가야 한다. 하나님의 계획, 하나님의 구원, 하나님의 권능을 사단 앞에서 결코 낮추어선 안 된다. 하나님의 계획하심과 하나님의 약속을 그대로 순종하면서 나아가야 한다. 그래서 하나님의 성취가 그대로 이루어짐을 확인해야 한다.

모세는 하나님의 계획과 약속을 붙잡고 애굽으로 들어가 바로왕 앞에 하나님의 능력으로 서게 되었다. 사실 모세가 애굽에 가서 바로왕 앞에 선다는 것은 자신의 생명을 건 사명이었다. 왜냐하면 모세는 애굽인을 죽이고 도망갔기 때문이다. 그러나 모세는 하나님의 명령이 떨어지자 순종할 수밖에 없었고, 결국 하나님께서 주신 능력으로 이스라엘 백성들을 구원해 내는 데 성공했다.

이 계획이 성공하기까지 바로왕은 결코 가만히 있지 않았다. 애굽에서 노동력의 대부분을 감당하던 히브리인 종들을 그냥 내줄 수 없었던 것이다. 하나님은 모세를 통해 바로에게 열 가지 재앙을 내리도록 했지만 그 역사가 일어날 때마다 바로는 더 강팍해졌다. 사단은 전지는 있지만 전능은 없다. 마술사를 통해 그 표적을 흉내냈지만 결국 실패하고 말았다. 모세는 하나님께서 주시는 말씀과 음성

속에서 계속 순종하면서 담대하게 나아가 바로를 이길 수 있었다.

바로의 교활한 계략

출애굽기 10장 17절에서 바로는 모세에게 "이번만 나의 죄를 용서하고 너희 하나님 여호와께 구하여 이 죽음만은 내게서 떠나게 하라."고 말한다. 하나님께서 메뚜기 재앙을 내려서 이 땅의 채소와 과일들을 모두 다 삼켜 버렸는데, 생명을 지탱할 먹을거리가 없어졌으니 하나님께 간청해서 자신들의 생명만 건드리지 않게 해 달라고 바로가 회개하는 내용이다. 그러나 이 회개는 일시적인 것일 뿐, 온전하지 않았다.

하나님 아버지의 뜻은 모세를 통해 이스라엘 백성들을 애굽에서 끌어낸 다음 광야로 나와 가나안 땅에 들어가게 하는 것이었다. 그런데 바로는 이스라엘 백성들을 내주지 않으려고 계속적으로 전략을 세웠다. 출애굽기 8장 25절에 보면, 모세가 바로에게 이스라엘 백성들이 사흘 길 광야를 가야 한다고 말한다. 그러자 바로는 차라리 애굽에서 제사를 드리라고 한다. 사흘 길 광야에서 희생의 제사를 드려야 하는데도 바로는 그냥 애굽에서 제사를 지내라고 한다. 그러나 이스라엘 백성들을 데리고 나가는 것이 아버지의 목적이기 때문에 바로가 아무리 애굽에서 제사를 드리라고 해도 모세는 그 말을 들을 수 없었다. 애굽은 바로의 땅이기 때문에 백성들은 애굽에서 반드시 나가야만 했다. 모세는 바로왕의 이 첫 번째 계략을 이미 간파하고 있었다.

오늘날 하나님을 믿는 백성들이 신앙생활을 할 때 융통성 있게 적당히 믿으라고 한다. 한 발은 세상에, 다른 한 발은 교회에 두고 어느 정도는 세상을 즐기면서 예수를 믿으라는 것이다. 그러나 사흘 길을 가라는 것은 완전히 이 세상의 것을 등지고 하나님의 말씀에 온전히 순종하라는 것이다. 세상의 모든 것을 다 던져 버리고 십자가까지 가는 완전한 희생의 사흘 길이다. 그런데 바로는 그 길을 가지 못하게 했다.

"신앙생활에 너무 빠지지 말고 적당히 믿어. 헌금, 봉사, 직분 다 적당하게 해. 그러지 않으면 손해가 와."

이것은 바로가 제사는 허락했으나 애굽에서 나가지 못하게 하면서 적당히 타협하게 만드는 교활한 계략과 같은 것이다.

끝까지 타협하지 않은 모세처럼

사단의 계략은 하나님의 땅에 가지 못하도록 마귀 가까이에서 하나님을 믿으라고 말한다. 여러분의 신앙생활은 사단과 멀어져 있는가? 세상과 멀어져 있는가? 바로가 모세에게 애굽에서 제사를 지내라고 한 것처럼 여러분의 심령이 아직도 애굽에 있는가? 애굽이 싫어 중간 지점에 멀리 가 있지 않고 사단 가까이에서 하나님을 믿고 있는가? 여러분이 이러한 신앙을 가지고 있다면 사단이 언제 여러분을 삼킬지 모른다. 애굽은 바로의 영토이다. 바로를 벗어나지 않고는 이스라엘 백성들이 가나안 땅의 축복으로 나아갈 수 없다.

바로는 하나님을 두려워하기 시작했다. 그래서 모세와 타협을 시도했지만 모세는 절대로 타협하지 않았다. 모세는 하나님께서 사흘 길을 가라고 한 그 말씀만 붙잡았다. 사단이 내세우는 모토는 항상 "적당히, 적당히"다. 세상 것도 취해 가면서 말씀을 100% 순종하지 말고 나의 감정과 생각도 헤아리면서 논리적으로 신앙생활을 하라고 한다. 이것은 믿음이 없는 사람들이나 사회생활을 하며 가정의 경제를 책임지는 남자들에게 자주 접근하는 사단의 전략이다.

바로 역시 모세에게 남자들만 데려가라고 한다. 처음엔 애굽 땅에서 제사를 드리라고 하고, 두 번째로는 너무 멀리 가지 말라고 하고, 세 번째로는 남자만 가라는 것이다. 그런데 왜 하필 남자만 가도록 했을까? 그것은 남자의 최고 약점이 아내와 자식이기 때문이다. 여자와 어린아이는 두고 남자들만 가라는 것은 종이라는 신분에서 벗어나지 못하게 하려는 술책이다. 아내와 자식을 볼모로 잡아 두어 결국 애굽으로 돌아오게 하려는 것이다.

그러나 모세는 바로의 함정에 넘어가지 않았다. 남자만 가게 되면 사흘 길을 가지 못하고 내 아내, 내 자식 때문에 다시 애굽으로 돌아올 것을 알고 있었기 때문이다.

그러자 바로는 마지막 술책을 쓴다. 다 데리고 가되 양과 소만 놓고 가라는 것이다. 양과 소는 희생의 제사를 위한 제물이다. 제물 드릴 것을 못 가져가게 하려고 양과 소 없이 그냥 가라는 것이다. 그러나 모세는 하나님의 능력인 지팡이를 들고 있었기 때문에 말씀을 분별하는 능력이 있었다. 그래서 결코 타협하지 않았다.

결국 가족들과 양과 소를 모두 다 데리고 이스라엘 백성들이 애굽에서 나갔다. 마지막으로 홍해 앞에 이르렀을 때 바로의 군대가 뒤쫓아 왔으나 하나님이 물을 가르고 다시 합쳐 버리시니 바로의 병사들이 다 빠져 죽었다.

말씀대로 사는 길

이스라엘 백성들은 하나님의 말씀에 온전히 순종함으로써 종의 신분에서 벗어나 모든 것을 다 가지고 애굽에서 나올 수 있었다. 그 은혜가 신약에 와서는 예수 그리스도를 통해 구원받고, 십자가를 통해 자유를 누리는 것이다.

오늘 우리가 이 영적인 자유를 누리지 못한다면 우리는 지금도 똑같이 애굽에서 종살이하는 이스라엘 백성과 같다. 사흘 길은 세상과 완전히 등지는 놀라운 축복의 길인데, 바로는 그 길을 가지 못하도록 미혹했다. 이 상황에서 우리가 어떻게 하나님의 말씀을 붙잡아 분별해야 할까? 사단과 완전히 멀어지는 삶을 살아야 하는데, 사단은 하나님과 가까워지지 못하도록 자꾸 유혹하며 말씀대로 살지 못하게 한다. 우리의 신앙이 영의 안방, 지성소까지 들어가지 못하도록 한다.

우리는 예수 그리스도 때문에 세상에서 자유를 누리며 산다. 육적인 것은 우리 하나님께서 보편적인 은혜를 베푸셔서 믿는 자나 안 믿는 자나 이 땅을 밟고 살게 해 주셨다. 그래서 하나님을 믿지 않아도 밥을 먹고, 하고 싶은 것을 하며 산다. 하나님을 믿지 않아도 무엇이든 누리고 할 수 있다.

그러나 우리가 하나님을 믿는 것은 범사에 잘되는 이런 문제만이 아님을 알아야 한다. 이 세상에서 잘 먹고 잘 사는 미혹에 빠지면 안 된다. 하나님의 말씀을 받으면서 나에게 유익이 되는 것만 취하고, 아닌 것은 버리는 이런 신앙생활을 하면 절대 안 된다. 우리가 늘 하나님의 말씀을 먹지 않으면 지옥에 간다는 사실을 명심해야 한다. 우리는 예수님의 십자가의 부활을 통해 애굽에서 나왔고 영혼이 구원받았다. 구약에서는 육적인 교회, 신약에서는 영적인 교회이다. 우리가 육적으로는 자유롭게 살지만 심령이 사단에 매여 버리면 영원히 자유를 누리지 못한다.

그렇다면 심령이 매이는 것은 어디서일까? 여러분의 인간적인 생각과 삶의 환경에서 매이게 된다. 여러분의 가족이 건강하고 물질이 풍부하면 여러분의 마음에 자유가 온다. 그런데 사는 것이 힘들고, 빚을 지게 되고, 건강이 좋지 않으면 이런 것에 매이고 만다. 우리가 이 땅에 문제가 있으면 우리의 심령이 매이고 만다.

심령이 매이지 않으려면

심령은 우리 영의 성전이며 내 영의 자원이다. 나의 생명과 연결되어 있다. 나의 심령 성전이라는 것이다. 이 심령이 매여 있는 것은 우리가 사단에게 잡혀 있는 것과 똑같다. 애굽에 종으로 잡혀 있는 것과 마찬가지다.

우리가 하나님의 말씀에 정복당하고 순종하기 위해서는 혼적이고 육적인 것을 다 깨뜨려서 영의 차원으로 들어가야 한다. 영의 생각으로 들어가야 한다. 영의 생각으로 들어갔을 때 우리는 다시 애굽으로 되돌아가 사단의 전략에 속지 않는다.

구약의 제사와 다르게 신약의 제사는 산이나 예루살렘과 같이 특정한 장소에 제약을 받지 않는다. 사마리아 여인에게 예수님께서 던져 주신 그 말씀이다. 하나님께 영으로 예배하는 것이 살아 있는 예배이며 신령과 진정으로 드리는 예배이다. 우리의 심령이 애굽에 있으면 절대 안 된다. 사단을 가까이하는 삶을 살게 되면 하나님과 온전히 함께하는 삶을 살 수 없다. 또한 여러분의 가족이 하나가 되지 않으면 안 된다. 이것이 되지 않으면 우리가 다시 애굽으로 돌아갈 수밖에 없다.

바로왕이 양보를 하는 것 같지만 중요한 카드를 내놓는다. 사단도 양보를 하는 것처럼 보인다. 이는 여러분의 가족도 마찬가지로, 남편이 교회에 가지 못하게 한다. 그래도 가야 한다고 하면 적당히 믿으라고 하며 양보를 하는 것 같다. 그러나 확실하게 그 전략을 묵살시켜 버려야 한다. 여러분 한 사람의 믿음이 살 때 온 가족이 산다.

만일 모세가 "바로가 나를 죽일 것 같더니 나에게 양보를 한다."고 좋아하며 애굽에서 그냥 제사를 드렸다면 어떻게 되었을까? 영원히 거기서 빠져나오지 못했을 것이다. 사단과의 싸움에서 절대 타협하지 말고 확실하게 벗어나 승리해야 한다.

사단이 하나를 양보해 준다고 좋아하지 마라! 열매는 확실한 믿음을 가지고 있는 사람, 모세와 같이 말씀에 순종하고 무장된 사람에게 나타난다. 이러한 믿음이 절실히 필요하다.

하나님의 요구를 낮추지 마라

심령이 괴롭고 문제 해결이 안 된다면 그것에서 빨리 탈피해야

한다. 과거의 상처에 붙들려 믿음으로 나아가지 못한다면 영혼이
성장하지 못한다. 예를 들면 물질에 상처받은 사람은 물질 문제가
다가왔을 때 쉽게 무너지는 것과 같다.

내가 담임하는 교회도 물질 때문에 받은 상처를 놓지 않았다면
지금까지도 지하실 교회를 면치 못했을 것이다. 아무것도 하지 못
했을 것이다. 그러나 다행히도 이 상처를 빨리, 완전히 벗어 버렸
다. 그러자 하나님이 예비하신 기적이 기다리고 있었다.

원수가 어떤 방법으로 훼방할지라도 나는 만군의 여호와의 이름
을 붙잡고 갈 것이라고 외쳐야 한다. 물질의 노예가 되어 전전긍긍
하는 사람은 아직도 바로에게 매여 있는 사람이다. 이제는 애굽에서
속히 빠져나와야 한다. 바로에게서 완전히 멀어져야 한다. 재물 드
릴 것을 가지고 나와야 한다. 제물을 드릴 것이 없으면 안 된다. 제
물을 드릴 수 있게 만들어 주신 것에 감사하라. 그래서 하나님 앞에
나아올 때 나에게 주신 것을 드림으로 완전한 자유를 누려야 한다.

결론적으로 말해, 신앙생활을 하면서 하나님의 요구를 결코 낮
추지 마라. 아버지께서 여러분의 삶 속에서 뭔가 요구하고 계신가?
그것을 낮추지 말고 불순종하지 마라. 아버지께서 요구하신 것이
있으면 온전히 순종하라. 그대로 순종할 때 모세가 애굽에서 나와
승리한 것처럼 여러분도 그 승리의 축복을 받을 수 있음을 명심해
야 한다.

믿음이 연약한 사람은 하나님께서 함께해 주시면, 능력을 주시면, 물질을 주시면 순종하겠다고 한다. 하나님만 함께해 주신다면 내가 무엇을 못할까? 그러나 가만히 서 있기만 하면 하나님께서 역사하실 수 없다. 우리가 먼저 움직이고 믿음을 보여야 한다. 하나님의 요구를 낮추지 말고 끝까지 그 명령에 순종하길 바란다. 아버지의 규례를 지키면서 즐거움과 기쁨으로 달려가길 바란다.

완전한 축복은 영의 자유, 심령의 자유, 범사의 자유이다. 이것을 꼭 받아 여러분이 형통한 삶으로 들어가시길 주님의 이름으로 축원한다.

"바로가 이르되 내가 너희를 보내리니 너희가 너희의 하나님 여호와께 광야에서 제사를 드릴 것이나 너무 멀리 가지는 말라 그런즉 너희는 나를 위하여 간구하라."(출애굽기8:28)

"바로가 모세를 불러서 이르되 너희는 가서 여호와를 섬기되 너희의 양과 소는 머물러 두고 너희 어린 것들은 너희와 함께 갈지니라."(출애굽기10:24)

교회는 신령한 주막집

어떤 율법사가 예수님을 시험하려고 "선생이여, 내가 어떻게 해야 영생을 얻으리이까?"라고 물었다. 그러자 어떻게 해야 구원받을지 예수님이 오히려 율법사에게 되물었다. "율법의 계명에는 어떤 것이 구원이냐?"고 했을 때 율법사는 그 계명에 근거해서 이렇게 대답했다. "내 마음을 다하며, 목숨을 다하며, 힘을 다하며, 뜻을 다하여 주 너의 하나님을 사랑하고 네 이웃을 네 자신같이 사랑하라."

율법사는 여기서 율법으로 구원받는다고 생각했다. 그것을 이미 알고 계셨던 예수님은 "너희들은 지금 율법으로 구원받는 줄 알고 이 말을 하지만, 진정한 생명이 어디서 나오는지 알려 주겠다."고 하시며 우리가 잘 아는 사마리아인의 비유를 드셨다. 한 유대인이 여행하는 도중에 강도를 만나 다쳐 쓰러져 있었으나, 길을 지나가던 다른 유대인들 모두가 그를 모른 척 지나쳤다. 그런데 서로 대적 관계에 있던 한 사마리아인이 강도 만난 자의 상처를 싸매고 도움을 주었다. 예수님은 이 비유에서 주막집과 나그네, 포도주와 기름 등 여러 가지 단어를 사용해 말씀하셨다.

나는 길에서 강도를 만난 이 사람이 아담을 상징하고 있다고 생각한다. 강도는 사단이라고 여겨진다. 강도가 왜 사단일까? 요한복음 10장 10절을 보면 도적에 대한 말씀이 나온다. 도적질하고, 죽이고, 멸망시키는 것이 바로 사단이고 마귀이다.

이 사람은 예루살렘에서 여리고로 내려가고 있었다. 여기서 예루살렘은 낙원을 상징하고 여리고는 타락, 즉 신앙의 타락을 상징한다. 강도 만난 자는 옷이 다 벗겨지고, 가진 것을 다 빼앗기고, 두들겨 맞아 죽기 직전이었다. 제사장도 레위인도 이 사람을 그냥 지나쳤지만 사마리아인이 이 사람에게 도움을 주었다.

예수님은 율법사에게 이 사마리아인처럼 생명을 구원한 이웃이 오늘날 누구겠냐고 하셨는데, 그 이웃은 바로 예수님이시다. 사마리아인은 강도 만난 자의 상처에 기름을 발라 싸매고, 소독하기 위해 포도주를 발랐다. 여기서 기름은 성령의 기름부음을 말하고, 포도주는 십자가의 보혈을 의미한다고 볼 수 있다.

강도 만난 자를 보살핀 사마리아인

이 땅에는 하나님을 믿는 백성들, 믿지 않는 백성들이 있다. 그러나 예수님은 이 세상 온 인류의 구원자로 오셨다. 온 인류의 구원자로 오셨다는 것은 믿는 자나 안 믿는 자나 모두 구원의 대상이라는 것이다. 다만 이들이 아직 하나님 앞에 안 온 것뿐, 다 아버지의 자녀라는 사실은 변함이 없다.

하나님이 창조한 첫 인간, 아담도 강도인 뱀을 만나 생명을 빼앗겼다. 강도를 만나 결국 에덴동산에서 쫓겨났다. 이 죄로 인해 온 인류가 하나님과 단절되는 사건이 일어나고, 십자가 사건을 통해서만 구원받을 수 있게 되었다. 예수님은 이 땅에 오셔서 우리를 위해 십자가에 못 박히시고 피를 다 쏟으셨다. 그 결과 우리에게 생명을 주고 가셨다. 예수님은 하나님의 종들에게 "너희들은 성령을 받고 권능이 임해서 사마리아와 땅끝까지 증인이 되라."고 말씀하셨다.

이 비유에서 예수님은 사마리아인을 예표하는데 그는 주막집 주인에게 이 강도 만난 사람을 보살펴 주라고 당부하며 맡기고 갔다. 여기서 주막은 교회를 말한다. 주막은 나그네들이 가서 잠을 자고, 밥을 먹고, 길을 묻는 곳이다. 이를 영적으로 해석하면 예수님께서 상처받고 찢긴 영혼, 타락한 영혼들을 품어주는 곳이다. 그러므로 주막집 주인은 찾아오는 이들의 상처에 기름을 발라 주고 포도주를 발라 주면서 정성을 다해 보살펴야 한다. 그래야 상처가 치료된다.

오늘날 하나님은 교회라는 장막을 만드시고 목사와 전도사, 강도사, 장로, 집사 등 하나님의 동역자를 세워 놓고 부탁하신다. "지금 강도 만난 이 타락한 백성들, 불쌍한 백성들을 살려다오. 보살펴다오. 상처를 치료해다오." 주막에 와도 주모가 밥을 주지 않으면 아무 소용이 없다. 먹을 것을 주고, 잠을 재워 주고, 길도 가르쳐 주어야 한다.

그런데 오늘날 교회들이, 하나님의 종들이 이 주모 역할을 제대로 하고 있는가? 주님의 명령을 잘 지키고 있는가? 주의 백성들이 세상에 살다 피곤하고, 지치고, 상처받고, 소외되는 어려움 속에서 교회에 와 위로받기를 원한다. 그런데 어떤 마음의 위로와 회복도 얻지 못한다. 종뿐만 아니라 성도들의 문제도 크다. 그저 교회에서 시간 때우기 예배로는 무한한 영적 에너지를 받을 수 없다. 오늘날 이런 교회, 목회자, 성도의 모습은 큰 문제가 된다.

그럼 결국은 누구의 잘못일까? 일차적으로는 주막집 주인인 목회자의 잘못이다. 예수님은 주의 백성들을 임시로 주막에 맡겨 놓고 가셨다. 잠깐 교회에 맡겨 놓고 가신 것이다. 그래서 목사들은 백성들의 영혼을 보살피고 영의 양식을 마음껏 먹여 주어야 한다.

포도주를 발라 십자가의 보혈을 가르치고 기름 부어 생명을 풍성히 얻게 해 주어야 한다. 그런 역할을 충실히 감당하는 교회가 얼마나 있는지 생각하면 참으로 안타까운 마음이 든다.

목회자와 성도가 하나 되어

성도들도 신앙이 타락하여 내려가면 안된다. 계속 올라가야 된다. 강도를 만나도 하나님 말씀을 무기 삼아 꿋꿋이 이겨내야 한다. 내 안의 십자가 보혈로 강도를 물리치면서 가야 하는 것이 우리의 신앙 길이다. 목회자가 부족해도 비난하거나 흉보지 말고 오히려 기도로 힘을 북돋우며 믿고 충성해야 한다. 단점만 보지 말고 장점을 보아야 한다.

주의 종들도 타락의 길을 가다 보면 결국 다 빼앗겨 목회를 못한다. 이 땅의 성도들도 말씀대로 살지 않으면 강도를 만나 결국 다 빼앗기고 만다. 우리의 삶 가운데 강도를 만나고 있다면 이제는 완전히 물리쳐 결박해 버려야 한다.

그러기 위해서는 날마다 신앙으로 힘차게 올라가야 한다. 예수님을 만나 상처를 싸매야 한다. 예수님이 오늘날 우리에게 해결사로 오신 것이다. 그렇다면 해결사이신 주님께 모든 것을 맡겨야 한다.

이제 예수님의 사랑 안에서, 공동체 안에서 목회자와 성도가 한 마음이 되어 신령한 주막집을 세워야 한다. 진정한 안내자가 많이 나와야 한다. 주님이 기뻐하실 일을 찾아서 해야 한다.

예수님은 이생과 내생을 다 약속하셨다. 강도 만난 자를 보살피고 다시 올 때 더 주겠노라며 두 렙돈을 주고 간 것은 재림을 약속하신 것이다. 그 약속을 받은 우리는 세상 것에 마음을 두지 말고 하나님께 더 집중해야 한다. 세상 것에 노예가 되어 앞서 가면 마귀는 우리를 더 바쁘게 만들고, 더 힘들게 만들어 신앙생활을 제대로 못하게 한다. 바로 이것이 강도이다. 그러나 주님이 주시는 축복은 신앙생활 하면서 마음껏 물질의 복을 받아 누리며 행복하게 사는 것이다.

여러분 모두 이생에서 강도를 물리치고 자유함을 누리며 교회가 교회답게, 성도가 성도답게, 하나님이 원하시는 대로 사명과 역할을 다함으로써 삶과 신앙에서 모두 승리하기를 바란다.

"어떤 율법교사가 일어나 예수를 시험하여 이르되 선생님 내가 무엇을 하여야 영생을 얻으리이까. 예수께서 이르시되 율법에 무엇이라 기록되었으며 네가 어떻게 읽느냐. 대답하여 이르되 네 마음을 다하며 목숨을 다하며 힘을 다하며 뜻을 다하여 주 너의 하나님을 사랑하고 또한 네 이웃을 네 자신 같이 사랑하라 하였나이다. 예수께서 이르시되 네 대답이 옳도다 이를 행하라 그러면 살리라 하시니 그 사람이 자기를 옳게 보이려고 예수께 여짜오되 그러면 내 이웃이 누구이니까.

예수께서 대답하여 이르시되 어떤 사람이 예루살렘에서 여리고로 내려가다가 강도를 만나매 강도들이 그 옷을 벗기고 때려 거의 죽은 것을 버리고 갔더라. 마침 한 제사장이 그 길로 내려가다가 그를 보고 피하여 지나가고 또 이와 같이 한 레위인도 그곳에 이르러 그를 보고 피하여 지나가되 어떤 사마리아 사람은 여행하는 중 거기 이르러 그를 보고 불쌍히 여겨 가까이 가서 기름과 포도주를 그 상처에 붓고 싸매고 자기 짐승에 태워 주막으로 데리고 가서 돌보아 주니라. 그 이튿날 그가 주막 주인에게 데나리온 둘을 내어 주며 이르되 이 사람을 돌보아 주라 비용이 더 들면 내가 돌아올 때에 갚으리라 하였으니 네 생각에는 이 세 사람 중에 누가 강도 만난 자의 이웃이 되겠느냐.”(누가복음10:25-36)

너희는 세상의 소금이니

예수님께서 40일 금식을 하고 팔복의 말씀을 주시면서 "너희는 세상의 소금이니 소금의 맛을 잃어버리지 말라."고 하셨다. 또한 에스겔서 16장 4절에는 이런 말씀이 있다. "네가 난 것을 말하건대 네가 날 때에 네 배꼽 줄을 자르지 아니하였고 너를 물로 씻어 정결하게 하지 아니하였고 네게 소금을 뿌리지 아니하였고 너를 강보로 싸지도 아니하였나니."

여기서 '소금'의 의미에 대해 생각해 보자. "너의 난 것을 말하건대…네게 소금을 뿌리지 아니하였고"란 구절을 다시 살펴보자.

옛날 이스라엘에선 아기가 태어날 때 탯줄을 자르고 치료할 만한 약이 없었다. 그래서 소금을 사용했다. 탯줄을 자르고 나서 소금을 뿌리면 상처가 부패하지 않은 것이다.

소금의 첫 번째 역할은 썩어짐을 막는 것이다. 에스겔서의 이 말씀은 성도들이 세상의 부패와 타락을 막아야 하는 사명을 갖고 있음을 뜻한다. "너의 난 것을 말하건대 네가 날 때에 네 배꼽 줄을 자르지 아니하였고"에서 "네가 태어날 때"는 성도가 예수 안에서 다시 태어난 것을 의미한다. 그러면 "배꼽 줄을 자르지 아니하였고"는 무엇을 의미할까? 이는 옛 생활을 잘라 버리라는 것이다. 에스겔이 이스라엘 백성들에게 "너희들은 어찌하여 옛 생활을 버리지 못하느냐?"라는 말을 하기 위해 배꼽 줄을 언급한 것이다. 그래서 "너를 물로 씻어"라고 말하고 있다. 이것은 이제 말씀을 날마다 묵상하고, 날마다 회개하는 것을 뜻한다. 인간은 세상에 살면서 범죄할 수밖에 없으니 교회 와서 말씀을 듣고 회개하라는 것이다.

다시 정리해 보면 "네가 날 때에"는 우리가 주님 안에서 새로 태어날 때를 의미한다. 예수님을 믿은 그 순간부터 새로운 피조물이 되어 배꼽 줄을 자르고 물로 씻어 정결케 해 신령한 영적인 생활에 들어가라는 것이다.

어차피 세상 것은 다 썩어진다. 육적인 것은 다 썩는 것이다. 바닷물은 4%가 염분이지만 바로 이 염분 때문에 오염되지 않고 있다.

육지에서 오염된 물이 들어와도 염분이 그것을 다 정화시킨다. 이처럼 믿는 우리가 세상의 소금이 되어 방부제 역할을 해야 한다.

온전히 녹아져라

창세기에 등장하는 소돔과 고모라 성의 타락과 오염과 부패를 하나님은 그대로 두지 않으셨다. 유황과 불을 비 같이 내려 심판하셨다. 심판받는 소돔과 고모라 성을 절대 뒤돌아보면 안 된다고 명하셨는데 롯의 처가 세상의 미련을 못 버리고 뒤를 돌아보다 소금 기둥이 되고 말았다. 이것이 오늘날까지도 기념이 되어 남아 있다.

마태복음 5장 13절에 "너희는 세상의 소금이니 소금이 만일 그 맛을 잃으면 무엇으로 짜게 하리요 후에는 아무 쓸데없어 다만 밖에 버려져 사람에게 밟힐 뿐"이라고 했다. 우리에게 소금이라 했으니 세상에 나가 어떻게 하길 원하실까? 그 해답은 "녹아져라"이다. 소금의 두 번째 역할은 녹아져서 희생하는 것이다. 소금은 덩어리로 있으면 안 된다. 녹아져야 한다. 그러기 위해 우리는 육의 생각을 없애 버려야 한다. 육의 것은 결국 썩어질 것이라고 했으니 오늘 내가 세상에 나가서 하나님의 영, 하나님의 말씀으로 세상을 녹여야 한다. 우리가 희생함으로써 세상을 녹여야 한다. 한 알의 밀알이 땅에 떨어져 썩지 아니하면 한 알 그대로 있다. 소금도 세상에 나가서 녹아지지 아니하면 사람들의 발에 밟힐 뿐이다.

그런데도 우리는 어떻게 희생해야 될지 생각도 안 한다. 누군가를 위해 희생하라고 하면 억울할 뿐이다. 대신 축복을 받는다고 하면 즐거워한다. 이것이 사람의 습성이다.

욥기 6장 6절에 "싱거운 것이 소금 없이 먹히겠느냐 닭의 알 흰자위가 맛이 있겠느냐"는 구절이 있다. 싱거운 것은 소금이 있어야 먹어진다는 말이다. 결국 믿는 사람들이 세상 사람들에게 소금의 역할을 제대로 행하지 않고 있으니 세상 사람들이 절여지지 않는 것이다. 우리 소금이 녹지 않으니 결국 세상 사람들이 절여지지 않고 생생해져서 자신들의 가치관으로 살아가고, 복음을 전해도 받아들이지 않는 것이다.

우리가 먼저 녹아지기 위해선 무엇보다도 내 안에 있는 교만의 덩어리를 깨야 한다. 자존심의 덩어리를 녹여야 한다. 인본주의를 녹여야 한다. 불순종의 덩어리도 녹이고, 세상의 것만 감지하는 덩어리도 녹여야 한다. 이런 것들을 녹이지 못하면 소금의 역할을 제대로 할 수 없다. 바닷물에 소금이 녹아 있어야 세상의 오염된 물을 차단하고 정화하듯이, 내가 이 세상에서 바른 소금이 되어 있어야 오염된 것이 유혹할지라도 그것을 정화할 수 있는 능력을 갖게 된다.

예수님께서는 이 땅에 오셔서 소금 녹듯이 희생했다. 이것은 고난이었다. 십자가에서 그 몸이 찔리고 피를 흘렸다. 만왕의 왕 되신, 하나님 되신 그분이 희생했다. 그렇게 해서 주님은 우리 하나님과 원수 되었던 죄의 문제를 해결했다. 죄에 사로잡혀 있던 영혼들을 구원한 것이다.

서로 화목하라

마가복음 9장 50절에 보면 "소금은 좋은 것이로되 만일 소금이 그 맛을 잃으면 무엇으로 이를 짜게 하리요 너희 속에 소금을 두고 서로 화목하라 하시니라."는 말씀이 있다. 여기에서 우리는 소금의 세 번째 역할이 "화목하게 하라"임을 알 수 있다. 이것이 단체 영성이다.

서로 어우러져 있지 않던 것들이 소금에 절여져 부드러워지면 잘 어우러지게 된다. 소금의 맛을 잃어버린 사람은 화목을 이루지 못한다. 혼자만 자존심을 세우며 어우러지지 않고 화목이 안 되면 결국 단체 영성을 이룰 수 없다. 그래서 모든 사람들과 화목해질 수 있는 성격이 필요하다. 잘난 사람이나 못난 사람이나 다 우리가 거기에 맞춰서 섬기는 것, 이것이 화목의 역할이며 이는 서로 평화로운 상태를 의미한다.

소금은 결국 예수 그리스도를 가리킨다. 마태복음 5장 9절은 "화평하게 하는 자는 복이 있나니 그들이 하나님의 아들이라 일컬음을 받을 것임이요."라고 말한다. 로마서 5장 10절은 "곧 우리가 원수 되었을 때에 그의 아들의 죽으심으로 말미암아 하나님과 화목하게 되었은즉 화목하게 된 자로서는 더욱 그의 살아나심으로 말미암아 구원을 받을 것이니라."고 말한다. 이는 예수 그리스도를 통해 화목케 하는 역할을 하라는 것이다. 성도 안에서 화목하고 진리 안에서 하나 되는 것이 바로 하나님의 아들이라는 말이다.

구약에 보면 대제사장이 일 년에 한 번 속제일에 지성소에 피를 가지고 들어가 하나님과 이스라엘 백성들을 화목케 하는 역할을 했다. 신약에 와서는 예수님께서 하나님과 우리를 화목케 해 주려고 십자가에서 죽으셨다. 그리하여 휘장이 찢어졌다. 주님이 소금의 역할을 하신 것이다. 우리도 그러해야 하는데 우리의 생각이 강퍅해서 하나 되지 못하고 화목하지 못하면 소금의 역할을 감당할 수 없게 된다. 우리는 세상의 소금이지만 이를 감당하지 못할 때에는 밖에 버려져 밟힐 뿐이다. 그러므로 온전히 녹아져 소금의 맛을 내어 방부제 역할, 희생의 역할, 화목의 역할을 해야 한다.

또한 소금은 하나님이 우리에게 확실한 약속을 하신 표징으로 나오기도 한다. 역대하 13장 5절을 보면 소금의 언약으로 우리를 축복하는 말씀이 나오는데, 이는 다윗과 그 자손들에게 하신 것이다. "이스라엘 하나님 여호와께서 소금 언약으로 이스라엘 나라를 영원히 다윗과 그의 자손에게 주신 것을 너희가 알 것 아니냐." 소금 언

약은 완전히 변치 않는 하나님의 약속으로 우리는 이를 확신해야
한다.

소금의 사명은 행동으로

니고데모가 예수님 앞에 왔다. 영생에 대한 갈증이 나서 자신이
어떻게 해야 영생을 얻을지 예수님께 물었다.

오늘날 세상 사람들도 영적인 갈증을 느낄 때면 예수님에 대해
묻곤 한다. 그런데 이때 말로만 예수님을 전하면 안 된다. 말로만
예수를 믿으라고 하면 도무지 믿질 않기 때문이다. 그들은 말보다
는 우리의 행실을 보고 좇아와 믿는다.

그렇다면 여러분의 행실은 지금 어떠한가? 여러분은 어디를 가
든지 예수 믿는 향기를 풍겨야 한다. 세상의 소금이 되어 죄 지은
영혼들이 우리에게 왔을 때 방부제 역할을 해야 한다. 썩지 않도록
살려야 한다. 상처 때문에 속이 상한 사람들을 교회로 데리고 와야
된다. 이제는 억지로 예수 믿으라고 해서는 안 된다. 말로도 복음을
전해야 하지만 그보다 행실이 더 중요하다. 우리가 소금의 짠맛을
내어 방부제 역할을 한다는 것을 행동으로 알려야 한다. 그렇게 할
때 사람들이 저절로 우리를 찾아온다.

그러나 오늘날 우리는 소금의 사명을 다하지 못하고 있다. 그래

서 비난을 듣기도 한다. 요즘 영적인 흐름을 보면 무서운 생각이 든다. 사단의 마지막 발악은 목회자를 통해 온다. 하나님께서 거룩한 직분을 주셨는데 우리가 그 직분을 거룩하게 지키지 못할 때는 하나님의 나라가 짓밟히게 된다. 우리가 직분으로 사는 것이 아니다. 그 직분에 맞춰서 소금의 사명을 감당하고 나아가야 한다.

우리가 행실을 다하지 못하면 세상 사람들은 손가락질을 한다. 우리의 행실이 잘못되면 인간의 생각으로는 이해가 안 되니 절대로 교회에 오지 않는다. 그러고 보면 영혼들이 구원되지 않는 것은 모두 우리의 잘못이다. 우리 자신이 소금의 사명을 다하지 못해서다. 우리가 행실로 소금의 맛을 내야 하는데 그렇게 하질 못하니 보기만 해도 역겹고, 냄새나고, 지겹다고 하는 것이다.

내가 세상에 나가서 그런 행동을 하지 않았는지 돌아보아야 할 때다. 세상 사람들이나 믿지 않는 가족들에게 원망이나 불평의 소리를 하지 않았는지, 악한 행동을 하지 않았는지 돌아보아야 한다. 나의 이런 행동은 많은 사람들이 예수님 앞에 나아오지 못하도록 올무를 만들고 있다.

목회자는 강단에서 말씀을 선포해 영혼을 살려야 한다. 그런데 목회자가 행동은 올바르게 하지 못하면서 강단에서 말로만 옳은 행실을 주장한다면 이는 죽은 설교이며 가증한 설교요, 가식적인 설교다. 행동의 열매가 나타나지 않는 설교이다. 세상 사람들은 행동을 보고 좇아오기 때문에 목회자는 말과 행동이 일치해야 한다.

이 세상에서 소금의 사명을 온전히 감당하며, 많은 영혼을 구원하는 그리스도인이 되길 원한다.

"너희는 세상의 소금이니 소금이 만일 그 맛을 잃으면 무엇으로 짜게 하리요 후에는 아무 쓸데없어 다만 밖에 버려져 사람에게 밟힐 뿐이니라."(마태복음 5:13)

“구하라 그러면 너희에게 주실 것이요 찾으라

그러면 찾을 것이요 문을 두드리라 그러면 너희에게 열릴 것이니

구하는 이마다 얻을 것이요 찾는 이가 찾을 것이요 두드리는 이에게 열릴 것이니라.”

(마7:7-8)

믿음으로 붙들릴 때까지

사랑의 시작은 하나님으로부터

하나님은 인간을 창조하시고 무한한 사랑을 부어주셨다. 그러나 인간들은 생각이 좁아 이 무한한 사랑을 깨닫지 못한다. 그것은 하나님께서 우리에게 선물로 주신 성령을 통해서만 이 사랑을 넘치게 느끼고 깨달을 수 있기 때문이다.

많은 성도들이 삶에 있어 밥을 먹고, 돈을 벌고, 좋은 집에서 좋은 옷을 입고 사는 부분을 매우 중요하게 생각한다. 반면, 내 속에 있는 생명이나 천국과 지옥에 대해서는 그 중요성을 크게 깨닫지 못하는 듯하다. 그러나 진정 깨달아야 할 것은 내 속에 있는 이 생명 때문에 우리가 밥을 먹는다는 것이다. 육의 양식은 그처럼 중요시하면서 왜 영적인 양식은 중요시하지 않을까?

많은 크리스천들이 하나님이 주시는 이 근본적인 사랑이 어디서부터 시작되어 어디로 끝나는지 잘 모른 채 신앙생활을 하고 있다. 우리 주변에는 우리의 영혼을 지옥으로 끌고 가려는 악한 사냥꾼들이 너무 많다. 어떤 수단과 방법을 써서라도 데리고 가려고 한다. 우리가 영적으로 굳건히 서 있지 않으면 공격을 당해 순식간에 허물어지고 만다.

슈바이처 박사는 이 세상에서 최대의 이단은 교리가 조금 틀린 것이 아니라 하나님께서 계명으로 주신 사랑을 실천하지 않는 것이라고 말했다.

하나님께서는 말씀으로 에덴동산에 최초의 인간인 아담을 만드셨고 이때부터 하나님과 인간의 사랑의 역사가 시작되었다. 그런데 인간이 하나님의 명령에 불순종함으로써 이 사랑을 먼저 저버리자 하나님께서는 "이제 너는 수고하고 땀을 흘려야 너의 가족을 먹여 살린다."고 조건을 거셨다. 이전에 하나님이 인간에게 사랑을 주시며 내건 조건은 딱 하나뿐이었다. "선악과를 따먹지 마라. 이것을 먹는 날에는 정녕 죽으리라." 오직 선악과만 허락지 않으셨을 뿐 다 주셨는데, 아담과 하와는 단 하나인 이 명령에 불순종했고 하나님은 이후에 더 무서운 조건을 거셨다. "너는 이제 땀을 흘리고 수고

하지 아니하면 절대 살 수 없다."고 하셨고 여자에게는 "잉태하는 고통을 크게 더할 것이다."라고 말씀하시며 가시엉겅퀴를 내셨다. 결국 인간이 저주를 받은 것이다.

에로스, 필리아, 아가페

그럼에도 불구하고 인간은 계속해서 하나님 앞에 순종하지 않았고, 또 다른 저주의 결과로 이스라엘 백성들이 애굽에서 430년 동안 바로의 종으로 살게 되었다. 바로는 이스라엘 백성들을 포로로 잡아와 노예로 마음껏 부렸다. 바로는 사람을 이용 대상으로만 보았기에 "네가 나를 사랑하고, 네가 나를 위해서 일하고, 네가 나를 위해서 희생하고, 네가 나를 섬기면 너는 산다."고 말했다. 하나님이 원래 인간에게 주신 사랑은 에덴동산에서 조건 없이 안식하는 사랑으로, 바로와는 정반대이다.

이런 '바로의 사랑'은 인간관계에서도 적용된다. 연인과의 사랑의 관계, 부부의 관계를 예로 들어 보자. 이것은 에로스^{eros}의 사랑, 자기로부터 시작되는 사랑이다. 바로왕의 요구처럼 나에게 이용 가치가 없으면 결코 상대를 사랑하지 않는다. 한 사람을 몹시 사랑해 결혼까지 약속했는데 어느 날 갑자기 그가 나를 불신하고 내게 유익을 주지 않는다면 사랑이 미움으로 바뀌어 버린다. 사단을 상징하는 바로는 이런 에로스적인 사랑을 요구하는 것이다. 에로스적인 사랑은 이용 가치가 없으면 사랑하지 않으며 순식간에 증오로 변하기도 한다.

그러나 내가 정말로 한 사람을 사랑한다면 그가 비록 나에게 잘못했다 할지라도, 이용 가치가 없다 할지라도 끝까지 사랑해야 한다. 내가 그를 사랑하기 때문에 조건 없이 주어야 하고 희생해야 한다. 그런데 실제로 상대가 나에게 소홀히 하거나, 실망을 느끼게 하거나, 나에게 유익이 없는 행동을 하면 그때부터 미움의 대상이 된다. 원망과 불평의 대상이 된다.

많은 크리스천들이 지금 하나님을 향해 이런 사랑을 하고 있지는 않은가? 오늘 하나님께서는 사랑에 대해 정확하게 정의해 이렇게 말씀하신다. "누구든지 하나님을 사랑하노라 하고 그 형제를 미워하면 이는 거짓말하는 자니 보는 바 그 형제를 사랑하지 아니하는 자는 보지 못하는 바 하나님을 사랑할 수 없느니라."(요한1서4:20)

하나님이 먼저 우리를 사랑하셨고, 에덴동산에서부터 이 사랑이 시작되었다. 신약의 예수 그리스도가 이 땅에 오신 것도 결국 하나님의 사랑으로부터 시작된 것이다.

젊어서 혼자된 청상과부가 있었다. 남편이 아들 하나를 남겨 두고 먼저 세상을 떴다. 과부는 아들 때문에 재혼도 하지 않고 오직 사랑으로 아들을 키웠다. 그런데 이 아들이 결혼하자 어머니에 대한 애정이 아내에게로 가버렸다. 그래서 과부는 며느리를 시기하고 증오했다. 이것이 바로 에로스적인 사랑이다. 아들이 결혼해도 어미인 자기를 더 사랑해야 되는데 다른 이를 더 사랑하는 것 때문에 증오심이 생긴 것이다. 결국 아들에게 거짓말하고 며느리를 모함해 이혼하게 만들었다. 이 과부처럼 오늘날 우리도 '바로의 사랑'을 하는 건 아닌지 돌아봐야 한다.

또한 인간에게는 필리아^{philia}적인 사랑이 있다. 저 사람이 나에게 밥 한 끼 사줬으니까 나도 밥 한 끼 사야겠다는 것이 바로 이런 사랑이다. 친구간의 우정도 보통 필리아적인 사랑이다.

그런데 예수님께서는 우리에게 아가페^{agape}적인 사랑을 주셨다. 참 사랑은 하나님의 사랑으로부터 시작된다. 우리의 첫 출발점이 하나님이 주신 참 사랑 안에서 시작되었기에 우리 모두는 충분히 사랑할 만한 가치가 있다.

예수 그리스도는 "나를 이 십자가에 못 박고 죽이는, 저들의 영혼을 불쌍히 여겨 주소서."라고 말하며 그들의 죄를 용서해 달라고 하셨다. 스데반도 그랬다. 자신을 돌로 쳐서 죽이려는 저들은 몰라서 그러니 하나님께서 용서해 달라고 했다.

우리가 이 사랑을 모르기 때문에 예수님과의 관계에서 무너지고 있다. 이 사랑만 깨달으면 무너질 이유가 없다. 오히려 이리 재고 저리 잴 필요가 없어 마음이 너무나도 편안할 것이다. 조건 없이 그냥 주는 것이 아가페적인 사랑이기 때문이다.

이와는 반대로, '바로의 사랑'은 조건부이다. 상대가 내 말을 듣지 않고 순종하지 않으면 죽인다. 즉, 하나님의 책망과 징계는 우리를 살리기 위한 것이지만 바로의 징계는 죽이기 위한 것이다.

복음의 시작은 원수를 사랑하는 것

예수님의 사랑은 원수를 사랑하는 것에서 시작된다. 에덴동산은 살아 계신 하나님이 인간에게 준 첫 번째 사랑의 징표였고, 신약에 와서는 예수님이 원수를 먼저 사랑하는 것에서 사랑이 시작된다. 원수를 먼저 사랑으로 끌어안아야 우리가 하나님의 자녀가 될 수 있기에 원수를 사랑하라고 가르치신 것이다.

결국 복음의 시작은 원수를 사랑하는 것이다. 원수를 사랑하지 못한다면 우리가 진정한 복음 안에 들어가지 못한 것이라고 할 수 있다. 내게 실수하고 잘못했다 하더라도 우리는 조건 없이 사랑해야 한다. 그렇다고 내 영혼을 사냥하려 하고 내 신앙관을 자꾸만 잘못되게 미혹하는 영에게까지 관대해서는 결코 안 된다. 그것은 과감히 잘라 버려야 한다.

오늘날 이 땅은 예수님의 사랑이 점점 식어가고 있다. 하나님으로부터 시작된 이 사랑, 예수님이 원수를 사랑하라고 하신 이 사랑이 식어가고 있다. 그러나 지금도 늦지 않았다. 오늘 우리도 예수님의 사랑을 본받아 원수를 사랑하고, 형제를 사랑하고, 말씀에 순종해야 한다.

어떤 목사님 한 분이 사모님이 중병에 걸리자 지극정성으로 간호하며 수발하는 것을 지켜본 적이 있다. 본인도 전립선암에 걸려 건강이 안 좋았음에도 불구하고 사랑하는 아내를 위해 정성껏 병간호를 했는데 그 사이에 자신의 병이 고침을 받았다고 간증한 것이 기억난다.

이처럼 사랑은 뭔가 바라는 것이 아니라 주는 것이다. 이것을 철저히 지키지 못하고 사랑을 주지 못했다면 회개해야 한다. 남을 탓하고 환경을 원망하는 사람들은 결국 에로스적인 사랑에만 머물고 있는 것이다. 나를 높여주거나 알아주지 않아도, 나에게 잘해주지 않아도 하나님의 말씀 가운데 사랑을 실천하고 나아가는 사람은 아가페적인 사랑, 예수님의 마음을 가진 사람이다. 우리는 이런 사랑 안에서 믿음으로 나아가야 한다. 습관처럼 남을 탓하는 것이 아니라 모든 것을 내 탓으로 돌리고 사랑해야 한다. 즉, 나를 죽이면서 나아가야 한다. 우리가 조건 없는 사랑, 아가페적인 사랑을 주님께 받았으니 내게 제일 가까운 사람부터 이 사랑을 베풀려는, 그런 마음으로 인생을 살아야 한다.

"하나님이 우리를 사랑하시는 사랑을 우리가 알고 믿었노니 하나님은 사랑이시라 사랑 안에 거하는 자는 하나님 안에 거하고 하나님도 그 안에 거하시느니라. 이로써 사랑이 우리에게 온전히 이룬 것은 우리로 심판 날에 담대함을 가지게 하려 함이니 주의 어떠하심과 같이 우리도 세상에서 그러하니라. 사랑 안에 두려움이 없고 온전한 사랑이 두려움을 내쫓나니 두려움에는 형벌이 있음이라 두려워하는 자는 사랑 안에서 온전히 이루지 못하였느니라.

우리가 사랑함은 그가 먼저 우리를 사랑하셨음이라. 누구든지 하나님을 사랑하노라 하고 그 형제를 미워하면 이는 거짓말하는 자니 보는 바 그 형제를 사랑치 아니하는 자가 보지 못하는 바 하나님을 사랑할 수가 없느니라. 우리가 이 계명을 주께 받았나니 하나님을 사랑하는 자는 또한 그 형제를 사랑할지니라."

(요한1서4:16-21)

"내 생각은 너희 생각과 다르며"

하나님의 뜻과 인간의 생각은 다르다. 우리는 땅에 살고, 하나님은 우주 만물의 주관자이시다. 하늘에 계신 하나님은 인간에게 말씀을 선물로 주셨다. 쿰란 동굴에 숨겨져 있던 두루마리 성경이 발견돼 이제 하나님의 말씀은 성경 66권으로 요약되어 우리가 늘 갖고 다닐 수 있도록 믿는 백성들에게 복을 주셨다.

그런데 하나님 말씀이 우리 가까이 있긴 하지만, 내가 하나님의 말씀보다 더 가까이 하는 것들이 있기 때문에 하나님의 말씀이 내 안에 온전히 새겨질 수 없다. 그러니 말씀대로 실천하지 못하고 하나님을 만나지 못하고 있다. 이 때문에 하나님은 우리 인간을 보며 가슴 아파 하신다.

성경에 나오는 유다 백성들은 늘 하나님을 찾는 것 같으면서도, 늘 하나님을 섬기는 것 같으면서도 생각은 언제나 다른 곳을 향했다. 행위적인 부분에서 우상을 섬겨 하나님을 멀리 떠났고, 이 때문에 유다 백성들이 바벨론의 포로로 잡혀갔다. 하나님의 자녀들이 바벨론에 포로로 잡혀 있는 것은 결국 하나님의 마음을 아프게 하는 것이었다. 애초에 하나님의 계획과 목적이 아니었다. 하나님은 내 백성이 자유하고, 마귀에게 굴복하지 않으며, 오직 하나님 말씀에 순복하길 원하신다. 또 하나님이 창조하신 땅을 정복하고, 사랑하고, 다스리면서 복 받는 것이 바로 하나님의 뜻이다.

그런데 어찌하여 하나님의 백성이 바벨론의 포로로 잡혀가게 하셨을까? 하나님의 백성에게 왜 그런 고통을 주셨을까? 그것은 바로 사랑 때문이다. 단지 겉으로 보이는 것만으로는 하나님의 그 크신 뜻과 생각을 알 수 없기에, 우리 인간은 하나님의 인도가 이해되지 않는다며 원망하고 불평하기 마련이다.

그러나 우리는 하나님의 뜻과 우리의 생각이 완전히 다르다는 것을 알아야 한다. 전지전능하시고 우주 만물을 창조하신 우리 하나님의 그 크신 생각을 피조물에 지나지 않는 우리가 감히 가늠조차 할 수 없는 것이다. 궁극적으로 하나님의 뜻과 인도하심은 우리를 살리기 위함이요, 복 주시기 위한 사랑 때문이라는 무조건적인 신뢰만 있다면, 우리는 사단의 포로가 될 수 없을뿐더러 승리하는 삶을 살 수밖에 없다.

하나님이 주신 자유 의지

하나님은 인간을 창조하면서 자유 의지를 주셨다. 하나님의 형상대로 지은 우리 인간을 그만큼 사랑하기 때문에 스스로 하나님을 찾고, 만나고, 하나님께 순종하면서, 하나님이 주시는 복을 받으라는 것이다. 그래서 인간에게 선택의 권리를 주셨다.

하나님은 "나는 억지로 너희들을 끌고 다니고 싶진 않다."고 하신다. 왜 그럴까? 전지전능하신 하나님은 인간을 당신이 원하는 대로 움직이는 로봇처럼 만들 수도 있었다. 그러나 그것은 하나님께 기쁨이 되지 않았다. 억지로 이 백성들을 하나님 앞에 굴복시킨다고 하나님께 영광 돌리는 삶이 되지는 않기 때문이다.

그래서 하나님은 인간이 자유 의지로 하나님을 믿어야 구원받도록 만드셨다. 그러나 안타깝게도 오늘날 많은 사람들이 하나님께서 주신 이 자유 의지를 잘못 이해하는 듯하다. 우리에게 자유 의지가 있기 때문에 그리스도의 복음을 믿어도 되고 안 믿어도 되는 것쯤으로 착각하고 있다. 이것은 아주 위험하고 잘못된 생각이다.

하나님은 창조주이시고, 우리는 피조물이다. 따라서 우리는 창조주 앞에 무조건 굴복해야 마땅하다. 그런데 자유 의지가 변질되면서 악한 영들의 공격으로 자유주의 신앙관이 파고들게 되었다. 이 자유주의 신앙이 들어오면 우리의 영은 파괴되고 죽어 지옥으로 갈 수밖에 없다. 우리의 생각과 사상, 상식은 하나님을 만나는 데 방해가 되고, 우리를 그릇되게 만들 뿐이다. 그러므로 하나님이 우리에게 자유 의지를 주신 의도를 정확하게 알아서 우리의 임의대로 변질시켜 주님의 마음을 아프게 하는 일이 없어야겠다.

육의 길, 영의 길

로마서 8장 6절에 "육신의 생각은 사망"이라고 했다. 8장 5절은 "육신을 좇는 자는 육신의 일을, 영을 좇는 자는 영의 일을 생각하나니"라고 했다. 육신을 좇는 자들은 육신의 것만, 즉 세상의 썩어질 것만 생각한다. 그러나 영을 좇는 자는 날마다 하늘의 것에 소망을 둔다.

이사야 55장 8절에 보면 "내 생각은 너희 생각과 다르며 내 길은 너희 길과 달라서"라고 기록되어 있다. 우리의 길은 '육신의 생각의 길'이다. 그러나 하나님의 길은 '영의 길'이다. 이 '영의 길'은 오직 이 땅에 있는 백성들을 모두 구원코자 하는, 하나님의 계획 속에 있는 구원으로 이르는 길이다. 그렇기 때문에 하나님을 믿는 백성들에게 성경 66권의 말씀을 주시면서 "너희 목마른 자들아 물로 나오라."하고 말씀하신 것이다. 우리를 구원하시기 위해 말씀 가까이 나오라는 것이다.

그러나 아무리 말씀을 많이 들으면 무엇하는가? 주옥같은 말씀을 많이 듣는다고 그것이 말씀 가까이로 나아가는 것일까? 아니다. 말씀을 듣고도 실천하지 않는다면 그것은 아무 소용이 없다. 주님이 진정 원하시는 것은 말씀이 가르쳐 주는 '영의 길'로 가는 것이다.

하나님의 길과 나의 길이 무엇이 다를까? 내 길은 이 땅의 의식주와 내 자녀, 내 가족을 우선으로 여긴다. 그러나 하나님의 길은 영혼이 잘되면 이 땅의 의식주를 포함한 범사가 잘된다고 가르친다. '나의 길'에만 머물러 육신만 잘되면 상관없다는 이런 기초적인 신앙에서 이제는 벗어나야 한다. '영의 길'을 좇아 영원한 구원을 이루어야 한다.

의식주에 연연하지 마라

하나님의 백성들에게는 이미 이 세상을 정복하고 다스리는 권세를 주셨다. 이미 우리는 축복권을 갖고 있다. 선포함으로 얻을 수 있고, 차지할 수 있도록 해 주셨다. 이미 기본적으로 복을 가지고 세상에 나온 것이다.

아이를 낳으면 부모는 양육에 최선을 다한다. 아이는 기본적인 부모 복을 가지고 나왔기 때문에 부모는 자신의 아이가 이 세상에서 제일 잘살고, 잘되길 원해 최상의 교육과 환경을 제공해 주려고 한다. 창조주이신 우리 하나님도 이와 마찬가지이다. 하나님께서 피조물인 인간을 만들어 놓았을 때는 이 백성들이 하나님께 영광 돌리고, 이 세상을 정복하고 다스리며, 축복 속에 살도록 해 주셨다. 이것이 가장 기초적인 복이다. 그런데 우리는 이 기초적인 복도 누리지 못하고 있다. 하나님이 이를 보고 얼마나 안타깝게 여기실까?

주님이 주신 기초적인 복은 받았으므로 우리는 여기에 연연하지 말아야 한다. 그렇다면 그 다음으로 주님이 원하시는 것이 무엇일까? "내 길은 너희 길과 다르니 너희들은 마귀가 좋아하는 자리에는 서 있지 마라. 세상 근심, 걱정에 서 있지 마라. 삶의 의식주에 연연하지 마라. 거기에 머물고 있으면 내 영과 네 영은 서로 만날 수 없다."고 하신다. 이제 세상의 기초적인 복에 연연하는 이 단계는 초월해야 한다는 것이다. 이런 유아기적 신앙을 넘어서라는 것이다. 하나님께서 이미 다스리는 권세를 주셨음에도 우리는 아직 다스리는 자리에 서지도 못하고 있다. 그리고는 항상 세상 염려와 재리財利에 쩔쩔매며 사는 것이다.

이스라엘 백성들은 하나님께서 땅의 복을 주자 하나님을 떠났다. 오히려 하나님이 주신 복을 가지고 우상을 섬기고, 우상에게 제물을 바쳤다. 이에 노하신 하나님이 유다의 백성들을 포로로 잡혀가게 하신 것이다. 포로로 잡힌 것은 하나님과의 만남이 끊어졌을 때이다. 하나님과 나와의 교제가 끊어질 때, 마귀는 "바로 이 때다!" 하고 인간을 포로로 잡아 버린다. 마귀는 절대로 하나님의 말씀에 순종하는 자들을 포로로 잡지 못한다. 잡을 권한이 없다. 다시 말하면 하나님의 생각은 인간이 온전히 하나님의 지배 속에서 자유함과 복을 누리도록 하는 것이고, 마귀의 생각은 세상의 것에 얽매어 하나님을 섬기지 못하게 포로로 잡아 버리는 것이다.

그런데 우리는 자신이 마귀에게 잡혀 있는 것조차도 감지하지 못한다. 육신의 삶에서 쩔쩔매는 삶은 바로 포로의 삶이다. 따라서 육신의 삶에서 벗어나고, 육신의 생각과 싸워 이겨야 한다. 마귀에게 잡힌 포로의 삶이 아니라 하나님께 영광 돌리며 축복을 누리는 삶을 살아야 한다.

우리 인간의 생각은 거짓, 술수, 교만, 음란, 탐욕, 시기, 질투 등 더러운 것들로 가득 차 있지만, 하나님의 마음은 오직 평안과 사랑 가운데 참 생명을 주신다. 인간과 하나님의 생각 차이는 완전히 하늘과 땅이다. 이 생각의 차이는 너무나도 크지만, 하나님께서 주신 말씀들로 정복해야 한다.

우리가 육의 장막을 벗기 전까지는 이 땅에서 살아야 하기 때문에 땅의 것을 완전히 도외시할 수는 없을 것이다. 또한 주님의 자녀들이 이 땅의 의식주만 좇아 사는 것을 하나님이 원치 않으신다고 해서 주님의 자녀들이 가난하고 어렵게 사는 것을 원하시는 것은 더더욱 아니다. 다만, 그저 복을 받기 위해 육신의 것에만 초점을 맞추고 사는 것이 아니라, 온전히 하늘의 것에 소망을 두고 주님 말씀대로 준행하고 나아가면 이미 허락하신 이 땅의 복까지 우리 삶에 열매로 자연히 따라오는 것이다. 그걸 모르고 그저 우리 힘으로만 어떻게 하려고 하니 문제가 된다. 짧막한 내 생각, 조그만 내 지혜 하나로 살려고 하니 인생이 어렵고 힘든 것이다. 하나님의 말씀과 법칙을 아는 우리는 이제 육의 것을 초월하여 하나님이 허락하신 모든 것을 누리는 삶을 살아야 하겠다.

내 생각을 하나님 생각에 맞춰야

우리의 영은 하나님 앞에 복 받기를 원한다. 하나님 앞에 완전히 사로잡히길 원한다. 그러려면 하나님 생각을 내 생각에 끼워 맞추지 말고, 내 생각을 하나님 생각에 맞춰야 된다. 섣불리 내 생각에 머물러 행동으로 옮기지 마라. 아버지의 말씀에 맞춰 아버지의 생각에 따라가라. 이것이 생명이요, 평안이요, 축복이요, 다스리는 권세를 얻는 길이다. 하나님이 인간에게 주신 것을 마귀에게 뺏기지 말고, 끝까지 붙잡아 취해야 한다. 하나님이 주신 권세를 사용하려다가도 내 생각이 들어와 빼앗겨 버리곤 하는 잘못을 더 이상 반복해서는 안 된다.

우리는 "하나님! 나에게 복을 주세요."하고 기도할 필요가 없다. 그의 나라와 그의 의를 위해서만 구하면 이 땅의 것은 창조주이신 우리의 아버지가 그냥 주시는 것이다. 부모가 재산이 있으면 누구에게 주는가? 당연히 자식에게 준다. 이처럼 이 세상의 주인이신 우리 아버지 하나님이 자녀 된 우리에게 복을 주시는 것은 당연한 일이다. 즉, 하나님이 복을 주셔야 한다고 전전긍긍하는 것이 아니라 이미 복은 내 것이니 이제 우리의 할 일은 아버지 하나님의 뜻만 구하면 될 일이다.

우리는 물질이 배제된 일은 순종을 잘한다. 그런데 물질이 들어가는 부분은 순종하기를 망설인다. 그러나 이제는 지지부진한 믿음이 아니요, 확고한 믿음의 행함이 있어야 된다. 하나님은 때때로 옥합을 깨뜨리는 헌신도 요구하신다. 물질이 없어서 요구하시는 것이 아니다. 천지 만물의 주관자인 하나님께서 무엇이 부족해 하찮은 피조물의 옥합을 요구하시겠는가? 그것은 철저히 자기 생각과 감정을 깨뜨리고 하나님 앞에 온전히 엎드리는 믿음을 보시기 위함이다. 그리고 축복하시기 위함이다.

내 생각을 철저히 배제하고 아버지의 마음과 생각 속에 들어가 세상을 다스리는 축복을 받아야 하겠다.

"여호와의 말씀에 내 생각은 너희 생각과 다르며 내 길은 너희 길과 달라서 하늘이 땅보다 높음 같이 내 길은 너희 길보다 높으며 내 생각은 너희 생각보다 높으니라."(이사야55:8-9)

❈

기도가 열매 맺으려면

몇 년 전 어느 가정에 심방을 갔는데 그림 한 폭이 벽에 멋있게 걸려 있었다. 어느 농부 부부가 밭에 씨를 뿌리다 교회 종소리가 들리자 그 자리에 서서 기도하는 밀레의 '만종' 이란 그림이었다. 참으로 아름다운 그림이라고 생각했다. 그림 속에서 교회가 멀리 보이는데 은은하게 종소리가 들리는 듯한 분위기가 그대로 느껴졌다. 그 그림은 언제 봐도 느낌이 좋고 마치 내가 그곳에 가 있는 듯하다. 아마 그래서 세계적인 명화가 되었을 것이다.

그와 비슷한 그림 한 점이 또 하나 있었다. 배경은 비슷한데 그림이 좀 달랐다. 농부 부부가 밭에서 고개를 숙이고 기도하는 모습은 같은데, 그 옆에 하얀 날개를 가진 천사가 부부 대신 밭을 갈아 주고 있는 그림이었다. 농부가 모든 일을 기도로 시작하고 기도로 끝내는데, 이 기도하는 동안 천사가 대신 밭을 갈아 준다는 뜻을 가진 성화였다.

누구나 잘 아는 성경 말씀 중에 마태복음 7장 7절을 보면 "구하라 그러면 너희에게 주실 것이요 찾으라 그러면 찾을 것이요 문을 두드리라 그러면 너희에게 열릴 것이니."라는 구절이 있다. 구하고, 찾고, 두드리는 이 세 가지 단계는 모두 기도와 연결되어 있다. 이렇게 기도할 때 하나님은 그림 속의 내용처럼 우리의 필요와 기도에 응답해 주신다는 것이다.

무릎 꿇어 구하라

'구하라' 는 기도의 첫 단계이다. 이 순서가 뒤바뀌면 안 된다. '구하라' 는 말씀은 주님께 간구하고, 무릎 꿇고, 굴복하라는 뜻이다. 오늘 우리가 신앙생활을 하면서 주님께 간구하는 자세는 그분 앞에 무릎 꿇고 우리 자신을 쳐서 먼저 복종하는 자세이다.

첫 단계에서 이것이 되지 않으면 기도가 열매 맺지 못한다. 어떤 의사가 수술 들어가기에 앞서 하나님께 수술이 잘 되게 해달라고 늘 기도했다. 그런데 동료 의사는 그 기도하는 모습을 보고 옆에서 은근히 야유하며 빈정거렸다. 그렇게 기도할 시간이 있으면 수술에 대한 전문 서적을 한 권 더 보면서 지식을 쌓아 전문의로 더 유명해지라는 것이다. 이 의사가 하나님 앞에 기도한다고 해서 전문 서적을 보지 않았을까? 아니다, 물론 본다. 보면서도 모든 것을 주님께 맡긴다는 뜻에서 기도한 뒤 수술을 하는 것이다.

어떤 문제든지, 어떤 상황에서든지 진정으로 주님께 간구하고, 무릎 꿇고, 기도하고 있느냐는 것이 '구하라'의 포인트다. 내 자신이 육을 먼저 깨뜨려 기도해야 한다. 기도의 첫 단계에서 육이라는 부분을 먼저 십자가에 못 박아 장례 지내지 않으면 우리가 하나님의 뜻대로, 하나님이 원하는 기도를 할 수 없다. 그의 나라와 그 의를 구할 수 없다. 이처럼 육의 생각을 깨뜨리지 못하니 온통 세상 것만 구하다 끝나 버리는 것이다. 응답받지 못할 기도를 하고 있는 것이다. 정말로 주님 앞에서 영의 안식을 누리고, 이 땅에서 범사가 잘되고, 복을 받으려면 자신을 먼저 깨뜨려야 한다. 육을 깨뜨리지 않고 구하는 기도는 응답받지 못한다. 하나님과 나 사이에 불순종이라는 막힌 담이 있기 때문에 육이 깨뜨려지지 않는 것이다. 철저히 겸손한 모습으로 내 자신을 굴복시켜 육이 깨뜨려질 때 그의 나라와 의를 구할 수 있는 자로 세워진다.

우리 모두는 소원이 이루어지고, 기도가 응답받기를 원한다. 그러면서도 주님 앞에 잘못된 방법으로 기도하는 부분이 적지 않다. 아직도 내가 너무 살아 있어 내 방법으로, 내 생각대로 해 버린다. 그러니 응답받을 수 없는 것은 너무도 당연하다. 내 생각을 잡고 있어 하나님이 원하는 방법대로 못하게 하는 그 부분이 결국은 응답받지 못하게 하려고 사단이 나를 잡고 있는 부분이다. 지금 나는 어떤 기도를 하고 있는지 점검하는 시간을 가져 보라.

믿음과 인내로 찾으라

기도의 두 번째 단계는 '찾으라' 이다. 유다의 아사왕은 구스 사람들이 전쟁을 일으키겠다는 선전포고를 들었다. 적군은 100만이 넘는 군사를 거느리고 오는데 유다는 장정들을 다 불러 모아도 50만밖에 안 됐다. 그러자 아사왕이 하나님 앞에 무릎 꿇고 기도했다. 이 숫자로는 싸울 힘이 없으니 도와달라고 간구했다. 아사왕이 왜 무릎을 꿇었을까? 인간의 생각으로는 도저히 승산이 없는 싸움일 것이기 때문이다. 만약에 적군인 구스 사람들이 50만이고, 유다 사람이 100만이었다면 어땠을까? 기도는 했을지 몰라도 진정으로 무릎 꿇지는 않았을 것이다.

아사왕이 무릎 꿇고 기도할 때, 하나님께서 도와주시면 "내가 싸워서 이겼다."라고 말하는 것이 아니라, "하나님께서 도와주셔서 이겼노라.”고 고백하겠다고 했다. 결국 하나님의 도움으로 아사왕은 전쟁에서 완전히 이겼다. 승리자가 되었다.

그러나 아사왕 말기 때에는 형제인 이스라엘 백성들이 쳐들어오겠다고 했다. 그때에도 아사왕은 당연히 기도했어야 했다. 그런데 아사왕은 아랍 임금에게 자기 아들을 보내면서 금과 은과 보물을 보내니 대신 싸워 달라고 부탁했다. 결국 전쟁에서 지고 말았다. 또 아사왕은 마지막에 큰 병을 앓았지만 기도하지 않고 인간의 방법을 동원해 치료하려다 결국 죽고 말았다.

하나님 앞에 내 육을 깨뜨려 기도하는 사람은 기도로 시작해서 기도로 끝낸다. 어떤 것이든지 기도하고 나서 행함으로 옮기는 것은 참으로 중요하다. 육을 깨뜨리고 내 혼적인, 심리적인 것을 다 깨뜨려서 주님과 접촉이 이루어져야 된다. ‘찾으라’ 는 것이 결국 무엇인가? 내가 믿음을 가지고, 인내심을 가지고, 혼적인 것을 버리고, 하나님 앞에 나아가는 것이다. 내 안에 혼적인 것을 가진 사람은 기도하다 응답이 더디면 기다리지 못한다. 인내심이 없다. 그래서 포기하고 만다. 그러나 내 혼적인 것이 완전히 깨뜨려진 사람은 기도가 응답받지 못해도 감사, 응답받아도 감사한다. 하나님에 대한 전폭적인 신뢰 속에서 인내심을 갖고 무조건 참고 기다린다.

마음 문을 두드려라

기도의 세 번째 단계는 '두드리라' 이다. 나의 생각, 즉 육의 것을 버리고 나서는 문을 두드리고 나아가야 한다. 문을 두드리는 것이 무엇일까? 영의 마음 문이 열려야 한다는 것이다. 즉, 두드리라는 것은 내 마음을 두드리라는 것이다. 믿어지지 않는 것을 두드리라는 것이다. 무릎을 꿇어 복종하는 자세로 구하고, 그 다음 철저히 혼적인 것을 깨뜨려 찾았으면 이제는 내 마음을 두드려 열어야 하는 것이다. 닫힌 것은 결코 해결이 없다. 응답을 얻을 수 없다. 따라서 마지막 단계에서는 마음을 두드려 열어야 하고, 믿어지지 않는 것이 있다면 두드려서 믿어야 하는 것이다. 진정 믿지 못하는 마음이라면 주님이 일하시고 싶어도 역사하실 수 없기 때문이다.

기도의 이 세 단계가 확실히 깨달아졌으면 좋겠다. 육과 혼을 깨뜨리고, 영의 차원에서 마음 문을 활짝 열어 놓고 그분을 기다리라는 것이다. 그분께 맡기라는 것이다. 그리하면 주님이 나와 함께하시고 응답하신다는 것이다.

육은 세상을 감지하는 매개체이고, 혼은 심리적인 것을 감지하는 매개체로 내 경험이 나온다. 그러나 영은 하나님을 감지하는 매개체이다. 그래서 영을 바로 세우려면 자아를 깨뜨려 구하고 찾고 두드리면 된다. 그때 그분이 원하는 기도가 나오게 되고 믿음의 결실을 맺을 수 있다.

거듭 강조하지만, 육이라는 매개체를 깨뜨리고, 심리적이고 혼적인 내 생각을 버리고, 아버지 앞에 두드려야 한다. 그래서 온전한 믿음 속으로 들어가야 한다.

기도는 영적 호흡이요, 하나님과의 깊은 교제이다. 이 세 단계 기도를 통해 주님께 중심을 올려 드리고 온전히 영으로 통과해 믿음의 세계로 들어가야 한다. 그래서 주님이 나에게 마음껏 부어 주고자 하는 복이 열매로 응답받는 것을 보아야 하겠다.

"구하라 그러면 너희에게 주실 것이요 찾으라 그러면 찾을 것이요 문을 두드리라 그러면 너희에게 열릴 것이니 구하는 이마다 얻을 것이요 찾는 이가 찾을 것이요 두드리는 이에게 열릴 것이니라. 너희 중에 누가 아들이 떡을 달라 하면 돌을 주며 생선을 달라 하면 뱀을 줄 사람이 있겠느냐. 너희가 악한 자라도 좋은 것으로 자식에게 줄 줄 알거든 하물며 하늘에 계신 너희 아버지께서 구하는 자에게 좋은 것으로 주시지 않겠느냐."(마태복음7:7-11)

빈집 교인은 위험하다

예수님은 제자들을 가르치실 때 여러 가지 비유를 들어 깨닫게 하셨다. 어려운 것으로 비유하지 않으시고 우리에게 익숙하고 쉬운 것들로 비유를 들어 놀라운 영의 세계를 알게 해 주셨다. 또한 오늘날에도 우리가 더 성숙한 신앙으로 들어갈 수 있도록 말씀으로 인도해 주고 계신다. 무식한 자든 유식한 자든 누구나 다 말씀을 이해하고 들을 수 있도록 하신다. 누구든지 구별하지 않고 하나님의 자녀가 될 수 있는 기회를 주시는 것이다.

마태복음 12장 43~45절에 보면 더러운 귀신 들린 사람에 관한

이야기가 나온다. 그중에 "물 없는 곳으로 다니며 쉬기를 구하되 얻지를 못하고"라는 구절이 있다. 그 당시에 누구를 빗대어 이 말씀을 하셨을까? 바리새인, 서기관, 사두개인들, 바로 유대인들을 향해 예수님이 비유를 들어서 말씀하신 것이다.

빈집에 대한 경고

우리에게 집이 있다. 교회가 있다. 집과 교회가 있는데 이 안에 사람이 없다. 텅 빈 것이다. 무슨 뜻인지 다시 자세히 설명하겠다.

이스라엘 사람들은 "내가 하나님을 잘 섬겼다. 하나님을 믿었다. 십일조도 잘 드렸다. 하루에 세 번 기도도 했다."고 말하며 "절대로 죄 짓지 않았다."고 자부하지만 진짜 범죄는 하나님의 말씀대로 살지 않은 것이다. 생명의 말씀을 받아들이지 않은 것이 무엇보다도 큰 죄이다. 바리새인들은 예수 그리스도의 복음을 받아들이지 않았기에 영적으로 텅 비어 있었다. 예수님은 이 땅에 오셔서 부활 승천하신 뒤 성령을 보내 주셨다. 만약 예수님이 이 땅에 오시지 않았다면 우리는 아직도 율법을 통해서만 죄의 문제를 해결받으려고 전전긍긍했을 것이다. 그러나 바리새인들은 이 사실을 전혀 받아들이지 않았다. 그래서 겉으로는 경건하고 거룩한 것처럼 보였지만 사실 그 영은 텅 비어 있었다.

한 권사님이 있었다. 예수를 믿기 전에 그 권사님의 부모님들이 우상을 섬겼다. 잡신들이 가득한 집안으로 악이 가득했고, 영적으로 어두운 집안이었다. 그런데 예수님을 영접하고서 회개했다. 내 속에 잘못된 것들을 예수님이 보혈로 씻어 주셨기에 영의 새로운 집을 지었다. 성령을 받아들이고, 성령을 모셔 들이니 그 안에 성전이 세워진 것이다. 즉, 주님의 말씀을 담을 수 있는 그릇을 만들어 주신 것이다. 그런데 새로 지은 이 집을 채우지 않고 빈집으로 그냥 놔두면 절대 안 된다. 하나님의 말씀을 먹고 생명을 먹어서 새로 지어진 이 집을, 내적 성전을 채워야 하는 것이다.

무엇으로 채울 것인가

아무리 맛있는 음식이 있어도 배가 부르면 먹지 않게 된다. 먹으려 해도 들어갈 곳이 없다. 영적 양식도 마찬가지이다. 뭔가 준비가 되어 있어야 잘 들어간다. 결국 영적인 양식을 먹으려면 내 마음을 잘 준비해 놓아야 하는 것이다. 마음을 잘 비워야 하는 것이다. 그동안 말씀 먹은 것이 소화가 잘되어 영혼에 영양 공급이 되도록 해야 한다. 끼니때가 되면 밥을 꼭 챙겨 먹는 것처럼 말씀을 먹을 때도 '이것을 먹어도 되고, 안 먹어도 되고'의 자세이면 안 된다. '영의 생명'이 유지되기 위해서는 반드시 말씀을 먹어야 하기 때문이다.

마태복음 12장 43~45절의 귀신이 등장하는 부분을 잘 이해해야 한다. 어떤 더러운 귀신이 사람에게서 나갔지만 쉴 곳을 얻지 못했다. 그래서 나온 그 사람에게로 다시 돌아가니 그 집이 비어 있고, 청소되고, 수리되어 저보다 더 악한 귀신 일곱을 데리고 들어갔다는 내용이다. 그래서 그 사람의 나중 형편이 전보다 더욱 심하게 되었다고 기록하고 있다. 동시에 이 말씀은 악한 세대가 이렇게 될 것이라는 하나님의 심판적인, 경고의 메시지를 담고 있다. 무서운 말씀이다.

귀신 들린 사람의 이야기를 통해 우리가 알아야 할 것은 예수님이 왜 유대인을 향해 '빈집'이라고 말씀하셨을까 하는 것이다. 하나님은 모세를 통해 율법을 주셨다. 이스라엘 백성은 항상 율법을 생각하며 살았으나, 정작 율법을 주신 하나님 앞에 순종하지 않았다. 이와 마찬가지로 예수님 시대의 유대인들도 형식주의에 빠져 외적으로만 경건한 모습을 보였다. 겉으로는 경건해 보일지 몰라도 내면을 들여다 보면 텅 비어 있었던 것이다. 이것이 예수님이 유대인들을 향해 '빈집'이라고 말씀하신 이유다.

열매 맺는 교인이란

언젠가 성도를 빈집 교인, 별장 교인, 주말 교인, 상주 교인으로 분류한 것을 본 적 있는데 그것을 인용하여 열매 맺는 교인이란 어떤 성도인지 말하고자 한다.

첫 번째로, 빈집 교인은 예수님을 영접해 새사람으로 거듭났지만 교회에 와도 말씀은 먹지 않는 교인이다. 이들은 말씀대로 살지 않기 때문에 생명이 없다. 그냥 교회만 올 뿐, 텅 비어 있다. 예수님이 내 죄를 용서해 주시고, 깨끗이 씻어 주셨으면 그 다음엔 빨리 말씀으로 채워야 한다. 그래야 더러운 일곱 귀신이 들어오지 못한다.

예수님을 영접하면 유일하신 하나님이 내 안의 주인이 되시니, 악한 영이 있을 수 없어 나가 떠돌아다닌다. 이렇게 떠돌아다니다 갈 데가 없으면 전에 살던 곳에 가본다. 그런데 그 집이 빈집에다가 수리되고 청소까지 해서 이전보다도 더 들어가기 좋게 만들어져 있다. 그래서 혼자 가지 않고 일곱 귀신을 데리고 들어가 버린다는 것이다. 이것이 앞에서도 설명했지만 성경에 기록된 예수님의 비유이다.

청소는 우상을 척결하고 더러운 것을 내버리는 것, 그래서 하나님을 영접하는 것을 뜻한다. 그러나 말씀으로 내 안을 채우지 않고, 말씀대로 살지 않으면 다시 일곱 군대가 들어올 수밖에 없다. 일곱 군대는 강한 군대이다. 그렇기 때문에 나의 신앙생활은 옛날보다도 더 엉망이 되어 버린다. 완전히 사단의 밥이 되어 더 악한 영에 사로잡힌 사람이 된다. 애초에 예수를 몰랐던 사람보다, 예수를 믿다가 세상길로 간 사람들이 다시 돌아오기가 더 어렵다는 사실은 이를 단적으로 보여준다.

두 번째로, 별장 교인은 휴가 오듯이 일 년에 몇 번 교회에 오는 성도들이다. 교회를 수양처 정도로 여기기 때문에 기분이 내키면 오고, 다른 스케줄이 생기면 그것을 우선시한다.

세 번째로, 주말 교인은 평일에는 전혀 오지 않다가 주일에 딱 한 번 교회 오는 사람이다. 그것도 세상일이 생기면 안 오기 십상이다.

마지막으로, 상주 교인은 세상에 나가서 하나님 말씀대로 살고, 하나님 말씀을 지키며, 늘 빛과 소금의 역할을 감당하는 성도이다. 상주 교인은 밤이나 낮이나, 자나 깨나 성령님과 함께 깨어 있는 성도이다. 지속적인 성령 충만함이 이어질 때 장성한 신앙인으로 열매 맺는 삶을 살 수 있다. 성령이 내 안에 상주하신다는 것이 얼마나 큰 은혜인지 모른다. 이 네 부류의 교인 중 나는 어떤 교인에 속하는지 한번 생각해 보자.

하나님 보시기에 아름다운 집

하나님이 이 세상 피조물들을 만들어 놓은 이유는 찬송과 영광을 받으시기 위해서다. 그렇기 때문에 우리는 단 한 시간의 예배를 드려도 마음을 다하고, 정성을 다하고, 힘을 다하여 주님을 사랑하며 예배 드려야 한다.

영국의 선교사들이 미국으로 건너가 복음을 심었고, 그 복음이 우리 한국까지 전해졌다. 그런데 오늘날 하나님을 믿는 나라, 미국이 왜 이렇게 어려움을 당하고 있는가? 왜 테러가 일어나고 많은 어려움에 직면하고 있는가? 이는 빈집으로 변했기 때문이다. 또한 오늘날 우리나라는 왜 이렇게 많은 어려움을 겪는가? 이 역시도 빈집이 많기 때문이다. 교회가 제 역할을 감당하지 못해 텅 비어 있는 집이 많기 때문이다. 많은 성도들로 숫자가 채워져 있고, 외적으로는 경건한 것처럼 보이지만, 그 안을 보면 속된 표현으로 '날라리 신앙인'이 얼마나 많은지 모른다.

이 시대를 치료하고 회복시키기 위해서는 먼저 곪은 것을 잘라내야 한다. 교회가 지금 그 역할을 감당해야 한다. 목사가 진리를 깨달은 교회, 성령으로 충만한 교회는 빈집이 될 수 없다. 그렇기 때문에 교회가 먼저 말씀으로 가득 채워야 한다.

내 안에서 하나님의 말씀으로 참 씨앗이 심어져 계속 열매 맺으면 너무나 아름다운 집이 된다. 이런 집을 만들자는 것이다.

믿음이 연약한 성도는 이제부터라도 "그래, 나도 상주 교인이 되어야겠다."고 다짐해야 한다. 성령님을 내 안에 모셔서 그분과 함께 사는 것이 복이라는 것을 깨달아야 한다.

그 다음에 더 중요한 것은 예배 중심의 삶을 사는 것이다. 예배 중심이 되지 않으면 하나님을 깊이 사랑할 수 없다. 하나님은 예배를 통해 우리와 만나길 원하신다. 아브라함과 야곱, 이삭, 요셉은 모두 예배 중심의 삶을 살았고, 그로 인해 하나님께 복을 받았다. 기쁜 일을 만나도, 슬픈 일을 만나도 언제나 단을 쌓고 아버지 앞에 제물을 드렸다. 그랬을 때 하나님이 불로 흠향하시고 임재 가운데 역사하셨다.

개인이, 또 교회가 하나님의 영광으로 가득 차면 절대 강도가 찾아올 수 없다. 설령 왔다가도 들어갈 공간을 찾지 못하고 도망간다. 지금 나는 어떤 교인인가? 어떤 집을 갖고 있는가? 이제 온전히 주의 말씀과 성령으로 가득 채운 삶을 살아감으로써 삶과 신앙에서 성공해 하나님께 영광을 돌리자.

"더러운 귀신이 사람에게서 나갔을 때에 물 없는 곳으로 다니며 쉬기를 구하되 얻지 못하고 이에 가로되 내가 나온 내 집으로 돌아가리라 하고 와 보니 그 집이 비고 소제되고 수리되었거늘 이에 가서 저보다 더 악한 귀신 일곱을 데리고 들어가서 거하니 그 사람의 나중 형편이 전보다 더욱 심하게 되느니라 이 악한 세대가 또한 이렇게 되리라."(마태복음12:43-45)

나아만의 믿음

구약성경 열왕기하 5장에 등장하는 아람 왕의 신하, 나아만 장군은 요즘으로 치면 국방부 장관에 해당한다. 우리는 이 나아만 장군이 보여준 순종하는 믿음에 도전받고 그의 신앙을 배워야 한다.

전쟁을 통해 아람을 구원하는 큰 공을 세웠던 나아만 장군은 아람 왕에게 존귀함을 받았고, 백성들에게도 인정받았다. 그런데 이런 그가 갑자기 문둥병에 걸리고 말았다. 당시에 문둥병은 하늘에서 내리는 저주로 여겨질 만큼 무서운 병이었다. 고칠 수 없는 불치병이었다. 구약의 율법을 보면, 문둥병 환자는 사람들 근처에 올 수 없었고 모두에게 외면당해 추방당할 수밖에 없었다. 나라에 큰 공을 세운 믿음직한 나아만 장군이 갑자기 문둥병에 걸렸으니 아람 왕에게도 무척 당황스런 일이었을 것이다.

그런데 이때 한 무명의 소녀가 장군 앞에 나타난다. 이스라엘에서 포로로 잡혀온 계집종으로, 나아만 장군 부인의 몸종이었다. 이 소녀가 장군의 부인에게 말하길 "이스라엘 사마리아에 가면 이러한 병을 고치는 엘리사란 선지자가 있는데, 그가 주인님의 병을 고칠 수 있습니다."라고 했다.

부인이 이 말을 남편에게 전했을 때, 나아만은 하찮은 종의 말이었음에도 불구하고 곧바로 엘리사 선지자를 찾아 나섰다. 그것도 그냥 간 것이 아니라 은 10달란트와 금 6,000개와 의복 10벌을 가지고 갔다. 오직 계집종의 말을 듣고 예절을 갖추고 예물을 준비해 신하들과 같이 엘리사 선지자를 찾아간 것이다.

자존심을 꺾고 순종하다

이 소식을 들은 아람 왕이 나아만 장군에게 도움을 주고자 이스라엘 왕에게 직접 편지를 써 주었다. 내 사랑하는 신하가 그곳에 갈 것이니 잘 돌봐 주고 문둥병을 고쳐 달라는 내용의 친서였다. 그런데 여기서 문제가 발생했다. 편지에 나아만 장군을 엘리사란 선지자에게 보내니 병을 잘 고쳐 달라고 썼으면 이스라엘 왕이 의심하지 않았을 텐데, 그냥 나아만 장군의 문둥병을 고쳐 달라고만 하니 이스라엘 왕이 의심을 갖게 되었다. 인간의 상식이나 의술로는 전혀 고칠 수 없는 병을 가진 자, 게다가 아람 왕에게 최고로 인정받고 존귀함을 받는 장군을 적국인 이스라엘에 보내며 문둥병을 고치라는 편지를 받았으니, 이스라엘 왕의 입장에서는 뭔가 다른 속셈이 있을 것이라 여길 수밖에 없었다. 그래서 이스라엘 왕은 아람 왕이 무슨 트집을 잡으려는 건 아닐까 생각하며 흥분해서 옷을 찢은 것이다.

이 소식을 들은 엘리사는 이스라엘 왕에게 걱정하지 말고 나아만 장군을 자신에게 보내라고 했다. 아람 왕이나 이스라엘 왕이나 모두 하나님을 섬기긴 하지만, 결국 인간의 상식의 틀 안에서만 하나님을 믿고 있었던 것이다.

나아만 장군은 보잘것없는 계집종의 말만 듣고 적국을 찾아갔다. 당시 아람은 강대국이었지만 이스라엘은 그렇지 않았다. 강대국의 장군이 오면 이스라엘에서 엄청난 예우를 하는 것이 외교 관례였을 것이다. 상식적으로 볼 때, 나아만 장군이 이스라엘 궁전으로 오면 나아만을 다시 엘리사에게 보내는 것이 아니라, 엘리사 선지자를 궁으로 불러 그곳에서 병을 고쳐 주도록 해야 했다. 그런데 엘리사는 왕에게 그저 "나에게 보내라."고 말했다.

아마 나아만 장군은 이 말을 듣고 무척 자존심이 상했을 것이다. 그러나 문둥병을 고쳐야 하니 어쩔 수 없지 않은가? 예우를 해 주지 않아 자존심이 상해도 엘리사 선지자를 직접 찾아갈 수밖에 없었다. 그런데 그곳에서도 엘리사가 직접 나타난 것이 아니었다. 엘리사가 장군에게 사람을 보내 명령조로 하는 말이, 요단강으로 가서 일곱 번 몸을 담그고 일곱 번 씻으라는 거였다.

이쯤에서 나아만은 이런 생각이 들었을 것이다. '내가 그래도 강대국 아람의 장군인데 선지자를 미리 모셔 와 왕궁에서 안수해 고쳐줄 것이지, 감히 나더러 사마리아까지 또 가라고?' 결국 장군은 버럭 화를 내고 말았다. "이 요단강보다 우리 동네 강물이 더 좋고 깨끗한데, 차라리 그곳에 몸을 담가 나음을 받는 것이 낫지 않겠느냐?" 흥분한 그는 그냥 가 버리려고 했다. 그때 종들이 극구 만류하자 나아만은 고집을 꺾고 그들의 말을 들었다.

내 생각으로 판단하지 말아야

나아만 장군이 종의 권유를 들었다는 사실이 참으로 중요하다. 내 상식으로는 도무지 이해되지 않아 순종하지 않으려고 하다가도, 누군가 옆에서 권면했을 때 "그래"하면서 그 말에 순종하는 것이 믿음의 한 모양새이다. 성경 말씀은 인간의 상식으로 믿는 것이 아니다. 그런데 대부분의 사람들은 내 생각으로만 믿는다. 그래서 잘못된 판단을 할 때도 있다. 그러나 누군가 옆에서 바르게 지적해 줄 때, 이를 잘 분별해 받아들이고 따라가는 것이 매우 중요하다.

나아만 장군도 요단강 물보다 우리 동네 물이 더 낫다고 생각했다. 여기서 내 생각, 내 판단으로 결말이 지어졌다면 나아만 장군은 절대로 문둥병을 고칠 수 없었을 것이다. 나아만이 병을 고치러 가는 길에는 분명 걸림돌이 있었다. 그것은 바로 자존심이다.

고린도전서 1장 18절 말씀에 "십자가의 도가 멸망하는 자들에게는 미련한 것이요, 구원을 얻는 우리에게는 하나님의 능력이라."고 되어 있다. 즉 십자가의 도를 모르는 자들은 예수가 십자가에 못 박힐 때 조롱했고, 구약의 말씀을 들어 저주의 십자가라고까지 했다. 그러나 어떤 이들은 그 십자가의 도를 멸망과 미련한 것으로 보지 않고 우리 예수 그리스도가 내 죄를 위해 짊어지신 십자가로 바라보았다. 그리고 결국 그로 인해 구원을 얻었다.

하나님은 고상하신 분이다. 또한 인격적이시며 전지전능하신 분이다. 그런데 이런 하나님이 왜 우리의 죄를 사하기 위해 몸이 피투성이가 되기까지 채찍에 맞으면서 십자가에 매달려야 했느냐고 반문할 수도 있다. 유치하다고 생각할 수도 있다. 그런 과정을 꼭 거쳐야 하냐고 물을 수도 있다. 말씀으로 이 세상 만물을 창조하신 능력의 하나님이라면 십자가를 짊어지지 않아도 얼마든지 우리 마음

속에 성령을 불어넣어 깨달음을 줄 수 있을 텐데, 왜 십자가에 매달려야 했냐고 의문을 가질 수 있다.

그러나 이런 의문을 마음에 품고 의문이 꼬리에 꼬리를 문다면 하나님을 만날 수 없다. 하나님의 뜻보다 내 생각과 판단이 먼저 들어가 이를 조정하기 때문이다. 내 얕은 지식과 계산으로 하나님의 뜻을 판단하는 것은 엄청난 오만이다. 인간은 하나님의 피조물로서 창조주이신 하나님을 판단할 수 없다. 오직 따르고 순종할 뿐이다.

엘리사도 나아만 장군에게 다소 유치한 방법을 썼다. 엘리사 선지자가 병 고치는 능력을 보면 죽은 아들에게 직접 가서 몸을 포개 입맞춤으로 안수하는 장면이 나오고, 때로는 선포함으로, 때로는 소금을 뿌려 다시는 열매가 떨어지지 않는 축복을 내리는 장면도 나온다. 엘리사는 각 사람의 심령에 따라 다른 방법을 썼다. 하나님은 자존심이 강한 자에게는 이처럼 특별한 방법으로 깨닫게 만드신다. 우리가 아버지 앞에 나아가는 믿음의 길에서 가장 큰 걸림돌은 자존심과 교만이다. 내 마음속에 있는 불순종의 영, 수군거리는 영, 원망하고 불평하는 영, 정죄하는 영, 이런 것들이 장애물이고 올무이다.

문둥병은 고칠 수 없는 병이다. 구약에서 첫 번째로 문둥병에 걸린 사람은 미리암이었다. 그 다음에 모세를 대적했던 고핫 자손들도 그랬고, 지도자를 대적하는 자들은 거의 다 문둥병에 걸렸다. 신약에서도 주의 종을 대적하고, 주의 종의 사역에 정죄하고, 도전하고, 원망과 불평을 일삼은 이들은 영적 문둥병에 걸린다. 이런 자들은 아무리 큰 은혜를 줘도 그 자리에서만 은혜 받고 끝내 버린다. 뒤돌아서면 또 악한 행동을 한다. 그래서 회복할 수가 없다. 오늘날 교회에 다니면서도 영적 문둥병에 걸린 자가 얼마나 많은가?

신약시대에서 영적인 문둥병은 어떻게 고쳐야 할까? 엘리사 선지자가 상식을 벗어난 방법으로 요단강에 가서 일곱 번 몸을 담그고 일곱 번 씻으라고 했을 때, 나아만이 모든 자존심을 버렸던 것처럼 전폭적인 순종, 전폭적인 믿음을 가져야 오늘 이 영적 문둥병을 고칠 수 있다.

우리는 육이 멀쩡하면 병든 자가 아니라고 한다. 그러나 육이 병든 것보다 영이 병든 것이 더 심각하고 무서운 일이다. 차라리 육이 병들어 눈에 보이는 것은 약이라도 쓸 수 있다. 하지만 영으로 병든 것은 약도 없다. 오직 말씀에 순종해야 고침을 받는다. 영적 문둥병은 말씀을 들어도 믿음이 잘 생기지 않는다. 말씀을 들어도 회복이 되지 않고 영혼이 살찌워지지 않는다.

나아만 장군의 장애물은 높은 지위와 자존심이었지만 이것을 내려놓고 순종하자 불치의 병, 문둥병이 치료되는 복을 받았다. 오늘날 우리가 축복의 통로를 따라가려고 하면 사단이 항상 장애물을 갖다 놓는다. 그 장애물은 때로는 외부적 환경이 될 수도 있지만 더 무서운 것은 우리 마음속의 자존심이다. 그 자존심이 영적 문둥병을 고치지 못하게 하고 그 저주를 끊지 못하게 만든다.

하나님 앞으로 나아가는 길에는 자존심이 필요 없다. 하나님을 믿고 가는 길에는 무조건 순종이다. 이것이 안 되면 우리는 절대로 축복과 승리의 삶을 살 수 없다. 때로는 이해가 되지 않고, 때로는 상식을 넘어서는 믿음을 요구하시더라도 우리가 전폭적인 신뢰와 순종으로 나아간다면 반드시 하나님의 놀라운 기적과 축복을 볼 수 있을 것이다. 그것이 하나님의 섭리요, 원하시는 바이다.

즉시 행동으로 옮기는 믿음

우리는 고상하게 신앙생활을 하려고 한다. 그래서 신앙을 철학적으로 해석하고, 윤리적인 부분을 강조한다.

나아만 장군은 결국 요단강까지 가서 일곱 번 물에 담갔다 일어났다. 일곱 번 담갔다는 것은 완전한 믿음, 전폭적인 믿음이다. 그 다음 일곱 번 씻었다는 것은 완전한 순종, 완전한 회개를 말한다. 그러자 나아만의 살이 어린아이 같이 깨끗해졌다. 우리의 영도 이렇게 깨끗하게 되어야 한다. 나아만 장군과 같은 복을 받으려면 그처럼 믿음을 행동으로 옮겨야 된다. 그리고 순수한 결단이 필요하다. 고집을 부려 내 생각과 논리에 끼워 맞추려 하면 안 된다.

믿음을 행동으로 옮길 때는 어떤 표적을 바라보고 하는 것이 아니라, 오직 하나님의 말씀대로 살아가기 위한 행동의 결단으로 나아가야 한다. 성경에도 나와 있듯이 이단들에게도 표적이 일어난다. 그러나 중요한 건 이들의 표적에는 생명이 없다는 것이다. 이러한 표적들은 결국 미혹하는 영이요, 사망으로 이끄는 사단의 전략이다. 따라서 우리는 표적만을 보고 그것을 진리로 착각해 속아 넘어가서는 안 된다. 오직 하나님의 말씀을 믿고 그 말씀대로 나아가야 한다.

오늘 우리는 하나님 앞에 순종하고, 회개하며, 엎드려야 한다. 자존심이라는 것, 인정받고자 하는 생각은 주님을 만나는 길에 장애가 될 뿐이다. 우리가 믿음의 길을 걸어가는 중에 자존심과 교만의 올무, 인간의 상식과 철학적 사고의 장애물이 있다면 철저히 무너뜨려야 한다. 또한 하나님 앞에 열납되는 기도를 드려야 한다. 나아만 장군은 요단강 물에 들어갔지만 그것이 곧 기도요, 회개요, 순종이요, 믿음이었다. 한 마디로, 신앙생활을 할 때 나아만 장군과 같이 즉시 행동으로 옮기는 믿음을 가져야 한다. 그리하여 하나님이 일하시고 하나님이 영광 받으시도록 우리의 믿음만을 내어드림이 마땅하다.

"하나님의 사람 엘리사가 이스라엘 왕이 자기 옷을 찢었다 함을 듣고 왕에게 보내어 가로되 왕이 어찌하여 옷을 찢었나이까 그 사람을 내게로 오게 하소 서 저가 이스라엘 중에 선지자가 있는 줄을 알리이다. 나아만이 이에 말들과 병 거들을 거느리고 이르러 엘리사의 집 문에 서니 엘리사가 사자를 저에게 보내어 가로되 너는 가서 요단강에 몸을 일곱 번 씻으라 네 살이 여전하여 깨끗하리라.

나아만이 노하여 물러가며 가로되 내 생각에는 저가 내게로 나아와 서서 그 하나님 여호와의 이름을 부르고 당처 위에 손을 흔들어 문둥병을 고칠까 하였 도다. 다메섹강 아마나와 바르발은 이스라엘 모든 강물보다 낫지 아니하냐 내가 거기서 몸을 씻으면 깨끗하게 되지 아니하랴 하고 몸을 돌이켜 분한 모양으로 떠나니 그 종들이 나아와서 말하여 가로되 내 아버지여 선지자가 당신을 명하 여 큰일을 행하라 하였더면 행치 아니하였으리이까 하물며 당신에게 이르기를 씻어 깨끗하게 하라 함이리이까.

나아만이 이에 내려가서 하나님의 사람의 말씀대로 요단강에 일곱 번 몸을 잠그니 그 살이 여전하여 어린아이의 살 같아서 깨끗하게 되었더라. 나아만이 모든 종자와 함께 하나님의 사람에게로 도로 와서 그 앞에 서서 가로되 내가 이 제 이스라엘 외에는 온 천하에 신이 없는 줄을 아나이다 청컨대 당신의 종에게 서 예물을 받으소서."(열왕기하5:8-15)

주님, 나를 붙잡아 주소서

우리는 신앙생활을 하면서 "내가 예수님을 믿고 주님을 영접함으로 구원을 얻었다."고 여기는 것만으로 스스로 크리스천이라 생각한다. 그러나 믿음은 이것만으로 충분치 않다.

예수님은 들판에서 오병이어의 이적을 행하셨다. 백성들이 놀라운 표적의 떡과 물고기를 먹고 흥분한 탓에 집으로 돌아가지 않았다. 이때 주님이 제자들에게 조용한 목소리로 이렇게 말씀하셨다.

"내가 이 무리들을 다 보낸 후 나는 이제 산에 기도하러 갈 것이다. 그러니 너희들은 먼저 배를 띄워 갈릴리 바다 건너 저편으로 가 있도록 해라."

예수님은 많은 무리들을 잘 타일러 보내셨다. 그리고는 한적한 산으로 혼자 기도하러 올라가셨다. 제자들은 예수님이 시키는 대로 배를 타게 되었다. 갈릴리는 호수이지만 워낙 커서 바다라고도 불렸다.

그런데 배를 타고 가던 제자들에게 문제가 생겼다. 갈릴리 바다에서 갑자기 거센 풍랑을 만난 것이다. 생명의 위협을 느껴 겁이 난 제자들은 난리가 났다. 배가 뒤집어지면 모두들 물속에서 죽을 수밖에 없었다.

그때 산에서 기도를 하고 있던 예수님은 제자들이 풍랑을 만나 위험에 처해 있는 모습을 기도 중에 알게 되셨다. 예수님은 제자들과 같이 있지 않아도 제자들이 지금 무엇을 하는지, 어떤 어려움을 당하는지 다 아셨다. 초자연적인 능력과 전능성을 가진 하나님의 아들이시기 때문이다.

제자들은 바로 그날 오병이어의 놀라운 이적을 체험하고도 배가 풍랑에 심하게 흔들리자 먼저 기도하지 않고 난리를 피웠다. 그때 예수님께서는 급히 산을 내려와 불안해하는 제자들에게 달려오셨다. 이때의 주님은 인성의 발걸음이 아니라 신성의 발걸음이었다. 산에서 내려와 그 먼 바다까지 걸어왔다는 것은 인간의 힘으로는 불가능한 일이다. 이것은 자연을 지배하고, 명령하고, 선포하는, 만물의 주인 되시는 예수님의 모습을 우리에게 입증한 것이다.

귀신으로 오인당한 예수님

그때 제자들은 풍랑에 어려움을 당하면서 그저 "우리는 죽었다! 큰일났다!"고만 외쳤다. 그들은 이 상황에서 주님을 붙들고 있는 것이 아니었다. 주님께 붙잡힌 믿음이 아니었다. 그래서 주님이 바다 위를 걸어오자 유령인 줄 알았다. 주님인 줄 상상도 못하고 귀신인 줄 알았던 것이다. 무게를 가진 인간이 물 위를 걸을 수 없는 것은 물리적으로 당연하다. 그렇기 때문에 제자들도 지금 물 위를 걸어오는 분이 예수님이라는 것을 생각지도 못했다.

우리 아둔한 인간은 하나님이 말씀을 주시면 그때뿐이다. 뒤돌아서면 이 말씀의 적용을 잊고 실천하지 않는다. 당시 제자들도 그랬다. 오병이어 기적의 떡과 생선을 맛보았다면, 당연히 주님의 전능성을 깨달아야 했을 것이다. 그런데 며칠이 지난 것도 아니고, 오병이어의 기적을 본 바로 그날에도 이 사실을 전혀 깨닫지 못했다. 인간은 그저 이 땅에서 문제가 해결되는 것에만 집중하는 어리석음을 보인다. 눈에 보이는 문제 해결에만 급급해서 그 이면에 있는 하나님의 깊은 뜻을 알지 못한다. 그러나 우리가 원하는 이 땅의 문제 해결은 잡신들도, 사단도 얼마든지 할 수 있다.

하나님을 생각할 때 이렇게 기적적이고 초자연적인 부분만 자꾸 중요하게 여겨서는 결코 안 된다. 이것은 하나님의 본질이 아니다. 하나님의 본질은 생명이다. 그래서 예수님이 우리의 생명을 구원하러 오셨고 그것 때문에 기적을 주신 것이다.

제자들이 두려움에 떨고 있을 때 예수님께서는 "안심하라 나니 두려워 말라."고 하셨다. 제자 중에 베드로가 그 소리를 듣고 "만일 주시어든 나를 명하사 물 위로 오라 하소서."라고 했다. 이때 베드로의 믿음은 어떤 단계였을까? 주님이시면 나도 물 위로 걸어 예수님께 가게 해 달라고 요구한 것은 바로 예수님께 나아가는 믿음이다. 베드로가 예수님을 향해 앉은뱅이처럼 그냥 앉아 있는 것이 아니라 말씀에 순종하여 담대히 믿음의 발을 내딛었을 때, 베드로의 단순한 믿음은 물 위를 걷는 기적을 체험한 것이다.

육안과 영안이 모두 열려 있어야

제자들이 탄 배는 곧 교회를 상징한다. 우리는 세상이라는 바다에서 교회라는 배를 타고 신앙생활을 하고 있다. 또한 세상에 나가 각자의 일을 하고 있다. 그러다 보면 다양한 사람들을 만나게 되는데 우리를 넘어뜨리려고 하는 원수 마귀가 주변 사람들을 통해 우리가 바로 서지 못하도록 방해하는 일이 너무도 많다. 그로 인해 민음이 성장하지 못하고 담대하지 못하면 사단의 계략에 속수무책으로 당할 수밖에 없다.

게다가 우리는 너무나 분별력이 없다. 뭔가 내게 잘해 주고, 나를 좀 인정해 주는 것 같으면 상대방을 향해 쉽게 마음을 열어 자신의 수치까지 다 드러내고 만다. 그러나 우리는 결코 사람을 의지하면 안 된다. 사람을 의지하면 결국 사람에게 다치고 상처받는다. 심하면 원수가 되기도 한다. 아무리 친분이 깊다고 해도 절대로 마음을 방심한 채 완전히 열어 놓으면 안 된다. 그것은 사단의 올무가 될 수도 있는 일을 미리 차단하기 위함이다. 서로 허물없이 다 이야기한다고 자랑할 일이 아니다. 어느 날 내가 믿었던 그 사람이 나를 쓰러뜨리고 올무를 걸 수도 있다. 이것이 바로 원수 마귀이다. 상대를 갑자기 조종하고 변질시켜 마음껏 노략질하는 것이 마귀의 정체이기 때문이다.

세상에 나가 일을 하면서 '우리 목사님이 나를 보고 계실까? 나를 감지할까?' 이 부분을 혼자 생각해 본 적이 있는가? 주의 종인 목회자는 하나님의 말씀을 대언하고 느끼는 자이기에 하나님이 우리를 세세히 감찰하시듯 성도 개개인을 놓고 기도할 때 그들의 영적 상태도 감지해야 한다. 그런데 오늘날 목회자들이 주의 종으로서 마땅히 해야 할 본분을 지키지 못하니 성도들에게 인정받지 못하고 오히려 우습게 여김을 당하기도 한다. 진정한 하나님의 종들은 육안과 영안이 모두 열려 있어야 한다. 성도들이 어떤 환경에 처해 있는지, 어떤 어려움이 있는지, 또 영적 상태는 어떤지 느낌으로, 표정으로, 기도로 다 파악해야 하는 것이다.

그런데 이미 다 파악하고 있더라도 말은 아끼고 절제해야 한다. 지친 영혼들에게 말해서 그들이 살아난다면 담대히 말해야 한다. 즉, 그 영혼이 100% 받아들일 수 있다면 말해야 한다. 그러나 수용하지 못할 것 같으면 말할 필요가 없다. 오히려 혼란만 줄 수 있기 때문이다.

목회자는 성도들 각자가 정말 예수님의 손에 붙잡힌 믿음인지, 또 예수님께 먼저 다가왔는지, 어느 단계까지 성장했는지 정확히 파악하고 있어야 한다. 그러나 한 가지 주의할 것이 있다. 목회자가 성도들의 영적 상태를 파악하는 것은 좋지만, 그들의 신앙생활에 있어서 일일이 도와주면 안 된다. 그러면 신앙이 어린아이에 머물러 더 이상 자라지 못한다. 어린아이가 일어나서 막 걷기 시작할 때 부모들은 처음엔 무척 신기해하며 발을 뗄 때마다 혹시 아이가 넘어질까 봐 양팔을 벌려 붙잡을 준비를 한다. 하지만 시간이 지날수록 아이가 스스로 걸을 수 있게 멀찍이 서서 기다려 준다.

풍랑을 만난 제자들도 아직 어린아이 믿음이었다. 고난을 만났을 때 하나님 앞에 살려 달라고, 지켜 달라고 기도해야 하는데 예수님 오시는 것도 귀신인 줄 알고 있었으니 문제인 것이다. 그런데

"만일 주님이거든 나를 명하사 나도 물 위를 걸어가게 해 달라."고 말한 베드로는 예수님이 "오라"고 한 그 명령을 듣자마자 물 위를 걸어갔다. 사실 베드로는 풍랑을 만난 배 안에서 얼마나 힘들었는지, 얼마나 무서웠는지 배에 그냥 있을 수가 없었다. 또 성질이 급해서 빨리 주님한테 가야 안전할 것만 같았다. 그래서 주님을 향해 서슴없이 물 위를 걸어갔는데, 도중에 바람이 부는 것을 보고 불현듯 의심이 생겼다.

주님을 향해 믿음으로 가는 길은 무조건 좋다. 앉은뱅이처럼 그냥 앉아 있으면 안 된다. 12명의 제자 중에서 11명의 제자는 주님을 보고 유령이라고 소리 질렀으나 오직 베드로만이 "만일 주시어든 나로 명하사 물 위로 오라 하소서."라고 말했다. 그러면 다른 제자들도 "나도요, 나도요."하고 말해야 했다. 그러나 11명은 그냥 가만히 있었고 베드로만 예수님을 향해 걸었다.

그런데 그런 베드로도 갑자기 바람이 불자 무서워졌고 의심이 들었다. 그래서 바로 물에 빠졌다. 예수님은 "어찌하여 의심하였느냐? 네가 지금 내가 오라고 했으니 바람이 불어도 의심하지 말고 걸어와야지."하고 말씀하셨다. 베드로는 주님을 향해 걸어가다 멈춰섰기 때문에 물에 빠진 것이다.

주님이 붙잡아 주실 때까지

오늘 우리의 믿음도 잘 가다가 내 생각, 의지, 상식에 멈추고, 이런저런 문제에 멈추고, 환경에 멈추고, 재고 계산하다가 멈춘다. 그러는 과정에서 믿음이 무너져 버린다.

그렇다면 우리는 어떤 믿음을 소유해야 할까? 멈추면 안 된다. 무조건 앞으로 달려 나가야 한다. 바람이 불어도 주님을 향해 끊임없이 걸어가야 한다. 그래서 우리의 믿음이 주님 앞으로 의심 없이 달려가고, 주님이 나를 붙잡아 주시는 단계까지 들어가야 한다. 즉, 내가 예수를 믿는 것이 아니라 예수님이 나를 믿어 주시는 단계, 내가 예수를 믿고 영접했지만 예수님이 나를 인정해 주시는 그 단계까지 들어가야 한다.

운전을 할 줄 안다고 해도 국가가 인정하는 면허를 따지 않으면 도로에서 운전할 수 없다. 필기시험과 장내기능시험, 도로주행시험에서 합격해야만 면허를 딸 수 있다. 이와 마찬가지로 내가 지금 교회에 다닌다고 구원받는 것이 아니라 예수님께 인정을 받아야 한다. 주님이 테스트했을 때, 내가 정말 의심하는지 안 하는지를 보고 인정하신다. 진정한 믿음은 의심하지 않고 하나님을 신뢰하는 것이다. 거센 바람이 불어 쓰러지고, 때로는 배가 뒤집어질 상황이 와도 "주여, 나를 살려 주시옵소서. 도와주시옵소서."라고 기도해야 한다.

세상을 살다 보면 신앙인에게도 반드시 이런저런 어려움이 온
다. 그러나 내가 끝까지 주님을 믿고 나아가면 반드시 승리한다. 하
나님은 우리의 믿음에 대해 책임지는 분이시기 때문이다. 베드로가
의심해서 예수님을 불렀을 때 주님이 그냥 있지 않고 손을 내밀어
붙잡아 주셨다. 비록 의심했지만 베드로는 용감하게 모험에 도전하
며 걸어간 자다. 이렇게 모험에 도전하는 믿음도 가다가 풍랑을 만
날 수 있고, 믿음의 한계를 느낄 수도 있다. 이때 내 믿음으로는 감
당할 수 없으나 "주여! 내가 주님을 신뢰하고 믿기 때문에 나는 쓰
러질 수 없습니다. 마귀의 장난에 넘어질 수 없습니다. 나를 도와주
시옵소서."라고 고백하면 반드시 주님이 손을 내밀어 주신다. 베드
로도 물에 빠졌다가 다시 일어나 예수님과 함께 손잡고 배에 올라
갔다.

내가 예수님을 믿는 단계에 만족할 것이 아니라, 예수님이 나를
믿어 주고 인정해 주시는 참 믿음의 단계까지 들어가야 된다. 바로
이와 같은 믿음을 인정받은 이가 수로보니게 여인이다. 이방 여인
이기에 비록 개 취급을 받았으나 그 여인은 "맞다."고 말하며 "그렇
지만 개들도 주인의 상에서 떨어지는 부스러기를 먹는다."고 지혜
롭게 말했다. 결국 귀신 들렸던 그 여인의 딸이 고침을 받지 않았던
가. 만약 개 취급을 당했다고 기분 나빠 하면서 예수님을 끝까지 붙
잡지 않았다면 예수님께 인정받지 못하고 그 딸도 고침받지 못했을

것이다.

　우리는 반드시 인정받는 믿음을 소유해야 된다. 어떤 고통스런 상황이 와도 결코 넘어지지 말아야 한다. 순간 넘어지려고 하다가도 베드로처럼 물에 빠지려고 할 때, "주여! 나를 구원하소서."라고 기도하는 자가 되어야 한다. 그래서 예수님이 나를 붙잡아 주실 때까지 소리치며 매달리는 믿음이 되어야 하겠다.

　"예수께서 즉시 제자들을 재촉하사 자기가 무리를 보내는 동안에 배를 타고 앞서 건너편으로 가게 하시고 무리를 보내신 후에 기도하러 따로 산에 올라가시다 저물매 거기 혼자 계시더니 배가 이미 육지에서 수 리나 떠나서 바람이 거슬리므로 물결을 인하여 고난을 당하더라. 밤 사경에 예수께서 바다 위로 걸어서 제자들에게 오시니 제자들이 그 바다 위로 걸어 오심을 보고 놀라 유령이라 하며 무서워하여 소리 지르거늘 예수께서 즉시 일러 가라사대 안심하라 내니 두려워 말라. 베드로가 대답하여 가로되 주여 만일 주시어든 나를 명하사 물 위로 오라 하소서 한대 오라 하시니 베드로가 배에서 내려 물 위로 걸어서 예수께로 가되 바람을 보고 무서워 빠져 가는지라. 소리 질러 가로되 주여 나를 구원하소서 하니 예수께서 즉시 손을 내밀어 저를 붙잡으시며 가라사대 믿음이 적은 자여 왜 의심하였느냐 하시고 배에 함께 오르매 바람이 그치는지라."(마태복음14:22-32)

말씀에 의지한 삶

세상 사람들이나 크리스천들이나 이 땅에서 경험과 배움을 통해 얻은 지식을 바탕으로 인생을 살아간다. 또 각자의 재능에 따라 그것을 계발하여 수익을 얻으며 살아간다. 그러나 하나님이 성경을 통해 우리에게 주신 말씀은 지식이나 경험을 통해 얻을 수 있는 것이 아니라 초자연적인 것이 대부분이다.

누가복음 5장 1~11절에는 예수님께서 어부인 베드로와 야고보와 요한을 제자로 부르시는 장면이 등장한다. 이들은 밤늦도록 수고했어도 고기를 잡지 못했으나, 예수님 말씀에 의지해 깊은 곳에 그물을 내렸을 때 그물이 찢어질 만큼 많은 고기를 잡았다.

원래 갈릴리 호수는 밤에는 고기 잡기 좋은 곳이지만 낮에는 고기를 잡을 수 없는 곳이었다. 헬몬 산의 눈이 녹아 흘러내려 오기 때문에 갈릴리 호수는 물이 찼고, 그러면서도 사막을 거쳐 오기 때문에 정제가 되어 매우 맑았다. 그래서 경험이 풍부한 어부인 베드로는 낮에는 절대로 고기를 잡으러 가지 않았다. 낮에는 물이 맑기 때문에 사람이 접근하면 고기가 도망을 가 버린다. 또 깊은 곳에서는 고기가 보이지 않아 잡을 수가 없었다. 그래서 밤에 물이 얕은 곳에서만 고기를 잡았다.

베드로는 자기의 생각과 상식, 경험을 토대로 밤에 고기를 잡으러 갔다. 여기서 우리는 우리의 경험과 상식으로는 도저히 불가능한 일이라 하더라도, 주님 말씀을 그대로 믿고 나아갈 때 주님께서 초자연적으로 일하신다는 것을 알 수 있다. 우리의 논리로는 주님이 하시는 일을 도저히 계산하거나 측량할 수 없다.

사실 베드로는 고기 잡는 일에 있어 전문가이나, 예수님은 고기를 한 번도 잡아본 적 없는 분이다. 베드로가 생각할 때에는 예수님이 더 깊은 데로 배를 저어 가 그물을 내리라고 하셨을 때 콧방귀를 뀔 수도 있었다. 그러나 베드로는 주님 말씀에 온전히 순종했다. 어쩌면 잠깐은 의구심이 들었을지도 모른다. 그러나 결국 말씀을 믿었고 그대로 순종했다. 그 결과 어떻게 되었는가? 바로 기적이 일어

났다. 베드로가 그물이 찢어지도록 고기를 잡아 두 배에 가득 채웠
던 것처럼, 우리도 내 지식과 경험을 내려놓고 온전히 주님 말씀에
의지하여 이런 기적의 주인공이 되어야 한다.

불신으로 실패의 쓴맛을 본 베드로

처음 베드로는 형제 안드레를 통해 예수님을 소개받았지만 예수
님을 진정으로 믿지 못했다. 예수님을 시인하지 못했다. 왜냐하면
상식적으로 이해되지 않았던 것이다.

"내가 어떻게 그분이 구원자인 줄 알겠냐? 너나 잘 믿어라. 나는
고기 잡으러 가겠다."

그런데 주님을 불신하고 고기를 잡으러 갔던 베드로는 그날따라
고기를 한 마리도 잡지 못했다. 그는 어부로서 경험이 풍부한 사람
인데 왜 고기를 한 마리도 잡지 못했을까? 누가 그렇게 만들었을
까? 그것은 바로 하나님이셨다.

여러분이 세상을 살아가면서 '내가 경험이 많고 무엇이든 잘할
수 있는 사람인데 왜 하는 일마다 안 풀릴까? 왜 뭐든 시작하면 실
패하고 잘될 것 같다가도 안 될까?' 하는 생각이 들 때, 주님이 지금
내 삶을 간섭하고 있음을 알아야 한다. 오히려 지금 주님이 함께하
고 있다는 사실을 알아야 한다. 이는 주님이 나를 만나 주시려는 것

이다.

지금까지 베드로는 자기 경험 속에서 고기를 잡았지만 이 시간부터는 자기 경험이 아닌 완전히 초자연적인, 전지전능하신 하나님의 능력 속에서 주님을 만나게 된다. 바로 이 귀한 장면이 나의 것이 되어야 한다. 이제까지 살면서 그물이 찢어지도록, 두 배에 넘치게 채울 만큼 엄청난 고기를 잡아본 적이 있는가? 감당할 수 없는 복을 받아본 적이 있는가?

베드로는 먼저 실패의 쓴맛을 보았다. 그래서 다음 날 아침에 빈 그물을 들어 올려놓고 힘없이 집으로 돌아가려고 했다. 요한도 아버지와 형제 야고보와 같이 그물을 깁고 있었다. 그런데 그날 아침에 주님이 베드로를 찾아가 이렇게 말씀하셨다.

"이 배를 잠깐 바다에 띄워라. 좀 가자꾸나."

이에 베드로가 예수님이 청하신 대로 같이 배를 타고 가며 말씀을 들었다. 이것은 거의 기적이다. 원래 베드로는 성격이 몹시 급하고 워낙 다혈질이어서 안 그래도 지금 고기를 한 마리도 못 잡아 화가 잔뜩 나 있는데, 어떤 사람이 와서 배를 다시 풀어 바다에 띄우라고 했으니 화를 낼 법도 했다. 하지만 이상하게도 화를 내지 않았다. 오히려 그대로 순종하고 예수님과 한배에 탄 것이다. 평소의 베드로 성격 같으면 "아니, 당신은 나사렛 목수 아니요? 어부가 고기 잡는 일에 목수가 왜 참견합니까? 그리고 지금 배를 다시 타자구

요?”하고 퉁명스레 말하며 집으로 돌아갔을 것이다. 아니면 어찌하
여 이 시간에 나를 귀찮게 하느냐고 했을지도 모른다.

그런데 베드로는 고기 한 마리도 잡지 못한 그 시간에 예수님이
찾아오시자 그대로 배를 띄우면서 예수님과 대화를 나누었다. 예수
님은 천국 복음에 대해 설교했다. 말씀을 듣고 난 후 베드로는 “선
생이여, 내가 말씀에 의지해서 그물을 내리리다.”라고 대답했다. 예
수님은 “깊은 데로 가서 그물을 내려라.”하고 말씀하셨다. 이에 베
드로는 그대로 순종했다. 이 부분이 아주 중요하다. 베드로가 자신
의 경험만 믿고 주님의 이 말씀에 순종하지 않았다면 기적을 볼 수
도 없었고, 제자가 되지도 못했을 것이기 때문이다.

그물이 찢어질 정도로 고기가 잡히다

세상에 나가 사회생활을 하다 보면 누구를, 혹은 무엇을 의지해
야 할지 판단을 잘 해야 한다. 간혹 우리가 사람을 의지할 수도 있
겠지만 가장 먼저 의지해야 할 분은 바로 예수님이시다. 신앙인들
은 항상 예수님을 먼저 생각해야 한다. 무엇을 하든지, 무엇을 결정
하든지 그 말씀을 교훈으로 삼고 의지해야 한다. 말씀을 벗어나 ‘내
가 이것을 해야 될까? 말아야 될까?’ 하는 생각을 해선 안 된다.

그러므로 무엇을 시작하기 전에 자신의 생각이나 경험이 아니라

하나님 말씀을 의지하고 성령의 음성에 귀 기울여야 한다. 그분이 하라는 대로만 해야 하고, 그 분이 하지 말라는 것은 하지 말아야 한다.

베드로는 예수님이 그물을 내리라고 하자 그대로 순종해 상식과 경험을 벗어난 깊은 곳에, 물이 차가운 곳에 그물을 내렸다. 베드로는 "선생이여, 내가 밤이 새도록 수고했지만 고기 한 마리도 잡지 못하였나이다. 그러나 당신의 말씀을 내가 믿고 의지하여 그대로 그물을 내리겠나이다."하고 말했다. 이 말은 어부로서의 모든 경험과 상식을 버리고 그물을 내려 보겠다는 것이다. 그런데 그물을 내리자마자 엄청난 고기가 그물 안으로 들어왔다. 고기를 에운 것이 심히 많아 그물이 찢어졌고 동무들까지 불러 두 배에 채웠더니 잠기게 될 정도로 기적을 보게 된 것이다. 이것은 베드로의 상식과 경험과 생각을 깨는 일이었다.

말씀을 의지하고 붙잡으며

베드로는 고기를 잡고 나서 "내 형제 안드레가 그때 구원자인 예수를 말했었는데, 그때는 내가 믿지 못했고 알지 못해 전혀 관심이 없었다. 그런데 오늘 이분을 만나고, 말씀을 듣고, 내 상식이나 경험과는 정반대인 말씀 속에서도 두 배에 넘치도록 고기를 잡았다."

라고 말했다. 베드로가 말씀에 의지했더니 상상을 초월한, 초자연적인 기적이 그대로 이루어졌다. 그러므로 베드로는 완전히 주님 앞에 죄인이라고 무릎 꿇을 수밖에 없었다. 베드로가 예수님께 무릎을 꿇고 엎드리면서 "주여 나를 떠나소서. 나는 죄인이로소이다." 라고 하였다. 이는 고기를 잡는 기적을 보고 나서 예수님을 나의 구원자로 인정하고 있다는 것이다. 그는 "내가 주님을 믿고, 주님을 섬기고, 주님을 따라가겠사오니 주여 나의 모든 삶에 함께하여 주시옵소서."라고 고백했다.

마지막 때에는 주님을 의지하지 않고는 살 수 없다. 주님을 의지해야만 살 수 있다. 여기서 주님을 의지한다는 것은 곧 말씀을 의지한다는 것이다. 주님을 따라간다는 것도 말씀을 따라간다는 것이다. 주님이 주신 생명의 말씀을 늘 읽고, 듣고, 실천하면서 살아가는 것만이 이 마지막 때에 살아갈 수 있는 비결이다.

우리의 사업도, 가정도, 자녀 문제도 주님을 의지해야 한다. 성경은 아버지를 떠나서 사는 자는 살 수 없다고 분명히 가르친다. 아버지를 떠나서는 아무것도 할 수 없다. 말씀을 받아들인다는 것은 이제는 나의 모든 경험을 버리고 주님 말씀을 깊이 새겨서 이후로는 죽으나 사나 주님만 붙잡고 살겠다고 고백하는 것이다. 여태껏 실패한 삶 가운데 있었다면 베드로처럼 나에게 말씀하시는 주님 음성에 귀 기울이고 100% 순종하여 내 삶에 주님이 어떻게 역사하실지 기대해 보는 것은 어떨까?

"무리가 옹위하여 하나님의 말씀을 들을 새 예수는 게네사렛 호숫가에 서서 호숫가에 두 배가 있는 것을 보시니 어부들은 배에서 나와서 그물을 씻는지라. 예수께서 한 배에 오르시니 그 배는 시몬의 배라 육지에서 조금 띄기를 청하시고 앉으사 배에서 무리를 가르치시더니 말씀을 마치시고 시몬에게 이르시되 깊은 데로 가서 그물을 내려 고기를 잡으라. 시몬이 대답하여 가로되 선생이여 우리들이 밤이 맞도록 수고를 하였으되 얻은 것이 없지마는 말씀에 의지하여 내가 그물을 내리리이다 하고 그러한즉 고기를 에운 것이 심히 많아 그물이 찢어지는지라. 이에 다른 배에 있는 동무를 손짓하여 와서 도와 달라 하니 저희가 와서 두 배에 채우매 잠기게 되었더라.

시몬 베드로가 이를 보고 예수의 무릎 아래 엎드려 가로되 주여 나를 떠나소서 나는 죄인이로소이다 하니 이는 자기와 함께 있는 모든 사람이 고기 잡힌 것을 인하여 놀라고 세베대의 아들로서 시몬의 동업자인 야고보와 요한도 놀랐음이라. 예수께서 시몬에게 일러 가라사대 무서워 말라 이제 후로는 네가 사람을 취하리라 하시니 저희가 배들을 육지에 대고 모든 것을 버려두고 예수를 좇으니라."(누가복음5:1-11)

❈

말은 곧 열매가 되나니

말은 열매가 되어 우리에게 나타난다. 하나님께서는 이미 성경 66권의 말씀 속에서 말이 삶의 열매가 됨을 자세히 보여 주셨다. 인간은 혀에서 나오는 것으로 먹고 배부르고, 혀에서 나오는 것으로 죽고 살고, 혀에서 나오는 것으로 자신의 인격을 보고, 혀에서 나오는 것으로 열매 맺는다.

잠언 18장 20~21절에 "사람은 입에서 나오는 열매로 하여 배가 부르게 되나니 곧 그 입술에서 나는 것으로 하여 만족하게 되느니라. 죽고 사는 것이 혀의 권세에 달렸나니 혀를 쓰기 좋아하는 자는 그 열매를 먹으리라."는 말씀이 있다. 여기서 "입에서 나오는 열매로 하여 배가 부르게 되나니"라는 구절은 내가 한 말이 씨가 되는데 그 씨앗이 악으로 갈 것인가, 선으로 갈 것인가 하는 부분을 결정한다는 뜻이다. 원래 하나님께서 인간을 창조하실 때 선한 심령으로 만드셨지만, 하와가 선악과를 먹으면서 인간에게 악이 들어왔다. 그러나 하나님은 독생자 예수 그리스도를 통해 이 문제를 해결해 주셨다. 그럼에도 불구하고 우리가 예수 그리스도를 온전히 믿지 못하고, 본받지 못하고, 말씀으로 따라가지 못하기 때문에 그 악이 지금도 존재하고 있는 것이다.

진리가 되신 예수 그리스도를 믿고 따르는 사람은 당연히 악을 따르면 안 된다. 나는 분명히 선하게 살려고 노력하는데, 왜 자꾸 입으로 거짓말을 하고 죄를 지을까? 말이 축복의 열매가 되어야 되는데 왜 이 땅의 것도 잘 안 풀리고 영적인 것도 바로 서지 못할까? 이런 문제로 답답해하는 사람들을 주변에서 흔히 볼 수 있을 것이다.

죽고 사는 것이 혀의 권세에 달렸다

다시 한 번 잠언 18장 20~21절 말씀을 보자. "사람은 입에서 나오는 열매로 하여 배가 부르게 되나니 곧 그 입술에서 나는 것으로 하여 만족하게 되느니라. 죽고 사는 것이 혀의 권세에 달렸나니 혀를 쓰기 좋아하는 자는 그 열매를 먹으리라.” 이 말씀의 뜻이 무엇인가? 말 그대로이다. 입에서 좋은 것이 나가면 내가 좋은 것을 먹고, 입에서 나쁜 것이 나가면 내가 나쁜 것을 먹고 죽는다는 말씀이다. 혀 하나로 내가 죽고 산다는 것이다. 그러므로 우리는 이 중요한 혀, 즉 말을 통해 열매를 맺고 덕을 쌓아야 한다.

특히 목회자의 혀는 살아 운동력이 있는 말씀을 선포해야 한다. 하나님의 말씀에는 영감과 영력이 있기 때문이다. 이 말씀에는 교훈과 책망, 바르게 하는 것, 유익하게 하는 것, 의롭게 하는 것 등 모든 것이 담겨 있다. 그래서 목사는 때에 따라 호통을 치고, 책망을 하고, 권면한다. 결국 이것들도 다 영을 살리는 말이기 때문이다. 목사는 어떠한 경우에도 죽이는 말은 하지 말아야 한다. 목회자에게 성도는 영의 자식이기에 잘못된 부분에 대해 책망할 수는 있지만 저주를 해서는 안 된다. 인간은 다른 인간을 심판할 권한이 없으며 징계와 저주는 하나님의 고유 권한이다.

심령 밭에 좋은 씨만 뿌리길 원하는가? 좋은 것만 수확하기를 바라는가? 그렇다면 먼저 혀를 잘 다스려야 한다. 하나님은 우리에게 하실 말씀이 너무도 많은데 우리는 이 말씀을 들으려고도 하지 않는다. 그리고는 하나님보다 내가 더 말을 많이 한다. 요구하고, 간구하고, 하나님의 일을 많이 하겠다고 큰소리를 친다. 그런데 내가 하나님께 말하는 그 속에 남을 저주하거나, 책망받을 만한 말이 너무나 많이 들어 있다. 말은 인격을 만들어 간다. 우리가 흔히 하는 농담이라도 마음속에 있는 생각에서 그 말이 나오는 것이다.

또한 하나님을 경외하는 사람은 거짓말을 하지 않는다. 아니, 할수 없다. 두려움 때문이다. 그러나 거짓말이 아닌 참말일지라도 그 사람에게 꼭 필요치 않은 말이라면 하지 말아야 한다. 왜냐하면 선부른 말 한마디로 그 속의 생명을 죽일 수도, 살릴 수도 있기 때문이다.

심은 대로 거두리라

말의 중요성은 마태복음 12장 36~37절에도 나타나 있다. "내가 너희에게 이르노니 사람이 무슨 무익한 말을 하든지 심판 날에 이에 대하여 심문을 받으리니 네 말로 의롭다 함을 받고 네 말로 정죄함을 받으리라." 이 말씀은 우리가 어떻게 말을 해야 할지 경각심을 불러일으킨다. 우리는 예수 믿으면서 한 말들로 심판을 받는다. 나쁜 말인지 알면서 하거나, 나를 포장하기 위해 한 말이 없는지 돌아보아야 한다. 내가 선을 심었으면 선으로 거둘 줄 믿어야 한다. 그런데 악을 심어 놓고도 하나님 앞에 열매를 거둘 줄 착각하는 사람들이 많다. 그런 자들은 당연히 기도 응답이 없다. 그러나 선을 심은 사람은 하나님이 반드시 선을 거두게 하신다.

이 세상에 살면서 때로 억울한 일을 당하고 차라리 손해를 볼망정, 누구를 망하게 하거나 죽이는 말은 절대로 하면 안 된다. 왜냐하면 심은 대로 거두기 때문이다. 이는 세상의 속담이 아니요, 하나님이 성경에서 가르쳐 주시는, 거두는 법칙이다. 이 땅의 능력, 이 땅의 권세는 혀에 있다. 이 혀는 내 마음이고 인격이다. 내 인격에서 오직 선한 것만 나올 때 우리 삶은 복을 받고 승리한다. 따라서 절대로 누구를 원망하거나, 불평하거나, 악독한 말을 하면 안 된다. 남을 속이거나 내 의를 위해, 혹은 높임을 받기 위해 거짓말해서도 안 된다. 우리의 삶은 혀를 어떻게 쓰느냐에 달렸다.

"사람은 입에서 나오는 열매로 하여 배가 부르게 되나니 곧 그 입술에서 나는 것으로 하여 만족하게 되느니라. 죽고 사는 것이 혀의 권세에 달렸나니 혀를 쓰기 좋아하는 자는 그 열매를 먹으리라."(잠언18:20-21)

"내가 너희에게 이르노니 사람이 무슨 무익한 말을 하든지 심판 날에 이에 대하여 심문을 받으리니 네 말로 의롭다 함을 받고 네 말로 정죄함을 받으리라."(마태복음12:36-37)

오늘 우리는 어떻게 구별된 양이 되어야 하는가?
참 신자의 모형이 되어야 하는데
참 신자란 복음을 받아들이고 말씀대로 사는 자이다.

야곱의 구별된 양처럼

구약성경에 등장하는 야곱을 잘 알 것이다. 형 에서에게 팥죽 한 그릇을 주고 장자권의 복을 받은 그는 삼촌 라반의 집에서 무려 20년 동안이나 살았다. 이윽고 라헬을 통해 아들 요셉을 낳고 보니 고향으로 돌아가고 싶었다.

야곱이 고향인 가나안으로 돌아가겠다고 말했을 때, 삼촌 라반이 가만히 살펴보니 야곱이 집에 오기 전까지는 가축들이 별로 없었는데 야곱이 오고 나서부터 많은 복을 받은 것을 발견했다. 야곱이 장자권의 복을 가지고 갔기 때문에 옆에 있던 삼촌 라반까지 덩달아 그 복을 받게 된 것이다. 이 사실을 알게 된 삼촌이 야곱을 쉽게 보내줄 리 없었다. 그래서 "하나님이 나를 사랑하고, 너도 나를 사랑하니 여기서 같이 있자."고 말했다. 그리고 "이제부터 내가 너에게 품삯을 줄 테니 정하라."고 했다.

그런데 여기서 야곱은 인간의 상식으로는 도무지 이해가 안 되는 요구를 했다. 아롱지고 점 있는 염소와 양은 다 구별해 놓고 흰 염소와 흰 양만 둔 상태에서, 이들이 아롱지고 점 있는 새끼를 낳으면 그것을 자기 것으로 삼겠다고 했다. 즉, 콩 심은데 콩이 나오면 안 갖고 팥이 나오면 갖겠다는 것이다.

이에 삼촌 라반은 당연히 기뻐하며 승낙했다. 흰 염소와 흰 양에서 아롱지고 점 있는 새끼가 나올 가능성은 유전학적으로 거의 없었기 때문이다. 그래도 못 미더웠는지 라반은 아들을 시켜 점 있는 양과 염소를 다 가려낸 뒤 사흘 길을 데리고 가서 감추어 버렸다. 혹시 야곱이 아롱지고 점 있는 것을 흰 양이나 염소와 몰래 교미 붙일까 봐 믿지 못한 것이다.

약속의 말씀을 붙잡은 결과

야곱은 한번 말한 것에 책임지고 거짓말하지 않았다. 결코 아롱지고 점 있는 것을 불러들이거나 교미시키지 않았다. 흰 양과 흰 염소만 남겨 놓았지만 하나님께서 꿈에 나타나 이미 계시로 던져준 말씀, "너에게 많은 것으로 축복해 준다."는 이 약속의 말씀을 붙잡았기 때문에 그는 전혀 걱정하지 않았다. 그래서 삼촌에게 자신 있게 내기를 걸 수 있었던 것이다.

그러나 라반은 영의 것을 전혀 모른 채 이 땅의 삶을 바라고, 이 땅의 욕구만 채우길 원했다. 그래서 인간의 방법과 상식으로만 판단했다. 그는 아마도 이렇게 생각했을 것이다. '네가 아무리 그래 봐라. 흰 양과 흰 염소에서 어떻게 아롱진 새끼가 나오겠느냐? 너는 지금 엉뚱한 짓을 하고 있구나. 20년 동안 나하고 있으면서 그저 밤낮으로 일만 하더니 바보가 됐나 보다.' 하고 말이다.

야곱은 흰 양과 흰 염소 중에서 실한 것들만 딱 골라 놓았다. 신풍나무와 살구나무, 버드나무 가지를 꺾어 가지를 벗긴 다음 흰 무늬를 그려 놓고 그 가지를 개천에 담가 세워 놓았다. 그리고서 실한 양과 실한 염소가 새끼를 밸 때는 그 가지를 양 떼의 눈앞에 두어 그 가지 곁에서 새끼를 배게 했다. 약한 양이면 그 가지를 두지 않았다.

그 결과는 어떠했을까? 놀랍게도 흰 양이 새끼를 낳는 것마다 아롱지고 점 있는 양이 나오는 것이었다. "그 양 떼가 새끼 밸 때에 내가 꿈에 눈을 들어 보니 양 떼를 탄 수양은 다 얼룩무늬 있는 것, 점 있는 것, 아롱진 것이었더라."(창세기31:10)

여기서 중요한 것은 야곱이 삼촌에게 하나님께서 허락하신 표적을 보여 주었다는 사실이다. 야곱이 삼촌 집에서 20년 동안 일하면서 얼마나 성실하게 일했는지, 그 결과를 하나님께서 아롱지고 점 있는 양으로 보여 주신 것이다. 아롱지고 점 있는 양은 결국 무엇을 말하는가? 성령의 인침을 받는 성도, 흔적이 있는 성도를 말한다. 오늘날 우리 크리스천도 그처럼 흔적이 있는, 구별된 양이 되어야 한다. 그러기 위해선 예수 그리스도의 십자가를 바라보고 간절히 사모해야 하며, 온전히 성령을 모셔 주님 말씀대로 살아야 한다.

그런데 구별된 양을 만들어도 삼촌이 보내주지 않자 그가 한창 양을 잡아다 털을 깎고 있을 때, 야곱은 가족들을 이끌고 허락해 준 모든 것을 갖고서 고향인 가나안을 향해 떠나갔다. 삼촌 라반은 사흘 동안 양털을 다 깎고 나서야 딸도 없고, 손자들도 없고, 조카들도 사라진 것을 발견했다. 이에 야곱을 추격해 정신없이 쫓아갔다. 그러나 하나님께서 라반의 꿈에 나타나 "너는 삼가 야곱에게 선악간을 말하지 말라."고 하셨다. 그것은 하나님께서 장자권을 가진, 또한 여태껏 하나님 말씀을 붙잡고 나아간 야곱을 끝까지 지키고 책임지시겠다는 뜻이다.

구별된 양이 되려면

야곱도 라반도 똑같이 양을 치는 목자였지만 삼촌 라반은 삯꾼 목자이고, 야곱은 참 목자이다. 왜 그럴까? 야곱이 아롱지고 점 있는 구별된 양을 만들어 낸 데서 이를 알 수 있다. 라반은 가나안을 향하는 사모함이 없었다. 그저 돈 버는 데만 혈안이 되어 있는 삯꾼 목자였다. 그러나 야곱은 내 고향 가나안을 사모했고, 하나님이 내게 복 주시면 그 자리에다 성전을 세우겠다고 서원했다. 삼촌이 보든지 안 보든지 그 약속 하나 받기 위해서 참으로 열심히 일했다.

그런데 야곱은 어디서부터 그런 성실함을 보였는가? 바로 엄마 뱃속에서부터다. 장자권의 복을 받으려고 뱃속에서부터 성실한 의를 보인 야곱이었다. 그는 세상에 먼저 나오려고 형의 발꿈치를 잡았었다. 이렇게 장자권의 복을 사모했던 야곱은 결국 팥죽 한 그릇에 장자권을 얻게 된다. 에서는 그의 말을 그저 농담쯤으로 여기고 "알았어. 너 가져."라고 말하며 팥죽을 먹었다.

하나님을 믿는 자녀는 절대 말을 함부로 하면 안 된다. 말이 씨가 된다. 야곱은 장자권의 복을 받기 위해 정말로 성실하게 살았다. 결국 아버지한테 축복 기도까지 받아 버리니 형 에서가 야곱을 죽인다고 난리를 피웠던 것이다.

야곱은 장자의 축복을 받기 위해 많은 노력을 했다. 그 복이 어떤 것인가? 이 땅의 기름진 복, 천국의 복이다. 야곱은 라반처럼 이 땅의 복만 받으려고 장자의 복을 사모했던 것이 아니다. 그는 하늘의 복을 사모했던 것이다.

오늘 우리는 어떻게 구별된 양이 되어야 하는가? 참 신자의 모형이 되어야 하는데 참 신자란 복음을 받아들이고 말씀대로 사는 자이다. 하나님이 네 이웃을 사랑하라 하셨으니 네 이웃을 사랑하는 자이다. 우상을 섬기지 말라고 하셨으니 우상을 섬기지 않는 자이다. 우리는 절대 세상 생각에 머물지 말아야 한다. 구별된 성도는 하늘에 소망을 두고 살아간다.

예수의 흔적이 있는 삶

구별된 양의 첫 단계 믿음은 예수 그리스도가 십자가에 못 박히심으로 내가 죄에서 해방되었음을 믿고, 하나님의 자녀로 세상에 나가 기쁜 소식을 전하며, 교회에 들어와서는 하나님 앞에 내 마음과 정성을 다 드려 헌신하는 성도가 되는 것이다.

그런데 오늘날 믿는 기독교인들이 교회 안에서 얼마나 신실하게 살아가고 있는가? 까마귀 같은 성도는 어떻게 해서든지 교회와 다른 성도를 헐뜯고, 괴롭히고, 비판한다. 이는 예수의 흔적이 없어 마귀가 그 틈을 비집고 침범하기 때문이다. 그러므로 우리 크리스천에게는 예수님의 흔적이 있어야 한다. 사도 바울이 복음을 전할 때 얼마나 매를 많이 맞았는지 모른다. 번번이 매를 맞고 감옥에 들어갔고, 매를 맞아 다 죽어 가면 그때야 예수님이 찾아오셔서 그를 다시 살려 내셨다. 매를 맞을 때마다 사도 바울은 이렇게 말했다. "나를 이제 그만 건드려라. 나는 복음의 흔적이 있다. 핍박의 흔적이 있다. 나는 예수의 흔적이 있기 때문에 어느 누구도 나를 건드릴 수 없다."

야곱은 복을 받아 버드나무와 살구나무, 신풍나무의 흔적이 그의 양을 통해 나타났다. 야곱은 흔적이 있는 양만 데리고 가나안을 향해 갔다. 흔적 없는 양은 데리고 갈 수 없었다. 왜냐하면 그것은 야곱의 양이 아니기 때문이었다. 우리도 이와 마찬가지다. 우리에게 예수님의 흔적이 없다면 가나안에 들어갈 수 없는 것이다.

지금 어느 교회에 출석하고 있는가? 지금 섬기는 교회가 어떤 모습인가? 교회마다 야곱과 같은 종이 있는가 하면, 라반과 같은 종도 있을 수 있다. 그러나 야곱과 같은 참된 목자는 어떻게 해서라도 양들에게 흔적을 만들려고 애쓴다. 구별된 양을 만들려고 애쓴다.

예수 그리스도의 피로 말미암아 우리가 죄 사함을 얻었기 때문에 강단에서 예수님의 피가 흐르지 않으면 안 된다. 그러기 위해서는 먼저 목사가 예수님의 흔적이 있어야 한다. 고난의 흔적이 있어야 한다. 그래야 그의 양들에게 흔적을 남길 수 있다. 때로 고난을 당하고, 핍박을 당하고, 말씀으로 살려고 하니 힘들지만 그것이 바로 구별된 양을 만드는 과정이기 때문에 우리는 기뻐하고 감사하며 살아가야 한다. 주님 보시기에 아름다운 구별된 양으로서 나 한 사람을 통해 온 가족이 구원받고, 나 한 사람을 통해 모두 잘 되는 것, 이게 바로 야곱이다. 야곱은 형을 위해서 재산을 나누어 주었고 같이 복을 받았다. 하나님은 우리가 구별된 양이 되어 가나안 땅인 천국에 들어가기를 원하신다.

그런데 주위를 둘러보면 적당히 태만하게 신앙생활을 하는 사람들을 보게 된다. 그러나 천국은 적당히 산다고 적당히 들어가는 곳이 결코 아니다. 철저히 말씀대로 살아 예수님의 흔적을 소유한 구별된 양만이 들어갈 수 있는 곳이다.

우리 모두 구별된 양이 되어 예수 그리스도의 십자가, 버드나무와 신풍나무, 살구나무 가지를 꺾어 흰 무늬를 만들어 내는 삶을 살자. 이 무늬가 바로 예수님을 예표하기에 우리는 예수 안에서 모든 것을 승리로 이끌어 낼 수 있다.

"자기와 야곱의 사이를 사흘 길이 뜨게 하였고 야곱은 라반의 남은 양 떼를 치니라. 야곱이 버드나무와 살구나무와 신풍나무의 푸른 가지를 취하여 그것들의 껍질을 벗겨 흰 무늬를 내고 그 껍질 벗긴 가지를 양 떼가 와서 먹는 개천의 물구유에 세워 양 떼에 향하게 하매 그 떼가 물을 먹으러 올 때에 새끼를 배니 가지 앞에서 새끼를 배므로 얼룩얼룩한 것과 점이 있고 아롱진 것을 낳은지라.

야곱이 새끼 양을 구분하고 그 얼룩무늬와 검은 빛 있는 것으로 라반의 양과 서로 대하게 하며 자기 양을 따로 두어 라반의 양과 섞이지 않게 하며 실한 양이 새끼 밸 때에는 야곱이 개천에다가 양 떼의 눈앞에 그 가지를 두어 양으로 그 가지 곁에서 새끼를 배게 하고 약한 양이면 그 가지를 두지 아니하니 이러므로 약한 자는 라반의 것이 되고 실한 자는 야곱의 것이 된지라. 이에 그 사람이 심히 풍부하여 양 떼와 노비와 약대와 나귀가 많았더라.”(창세기30:36-43)

우리의 믿음이 주님 앞으로 의심 없이 달려가고, 주님이 나를 붙잡아 주시는 단계까지 들어가야 한다. 즉, 내가 예수를 믿는 것이 아니라 예수님이 나를 믿어 주시는 단계, 내가 예수를 믿고 영접했지만 예수님이 나를 인정해 주시는 그 단계까지 들어가야 한다.

"우리를 위하여 여우, 곧 포도원을 허는 작은 여우를 잡으라.
우리의 포도원에 꽃이 피었음이라. 내 사랑하는 자는 내게 속하였고
나는 그에게 속하였도다."

(아2:15-16)

땅의 것을 버리고 **위의 것**으로

하나님이 허락하신 5가지 복

하나님께서 구약과 신약을 통해 주신 말씀에는 신비한 것이 너무도 많다. 시편 128편은 당시 히브리 사람들에게 가정의 소중함과 신성함에 대해 설명해 주는 말씀이다. 영적인 귀한 시로 하나님이 우리에게 주신 축복이 얼마나 큰지 다시 한번 깨닫게 한다.

시편 128편 1절은 "여호와를 경외하며 그의 길을 걷는 자마다 복이 있도다."로 시작한다. 하나님이 가정을 축복하시는데 그 축복의 첫 비밀은 먼저 여호와를 경외하는 가정에 복을 주시겠다는 것이다. 그러므로 우리가 가정에서 복을 받으려면 여호와를 경외해야 한다. 그런데 여호와를 어떻게 경외할 것인가? 하나님을 내 가정의 참 주인으로, 온전한 구원자로 모셔 들여야 한다. 하나님 명령에 복종치 않고 자신의 가치관에 맞추어 신앙생활을 하는 가정은 하나님을 경외하는 것이 아니다. 하나님을 경외한다는 것은 하나님의 위엄에 내 생각을 버리고 복종하는 것이다. 결국 '여호와의 도^道' 에 복종하고, 경외하며, 말씀을 따르는 가정에 복이 임한다는 것이다.

하나님을 경외한다면 하나님을 진정 나의 삶에, 우리 가정에 참 주인으로 모셨는지 수시로 점검해 보아야 한다. 시편 128편 2절을 보면 "네가 네 손이 수고한 대로 먹을 것이라 네가 복되고 형통하리로다."라고 했다. 이 말은 내가 수고한 대로 열매가 되고, 내가 수고한 대로 수입이 되고, 내가 수고한 대로 축복이 된다는 것이다. 내가 수고해도 물질이 안 들어오고, 뭔가 잘 안 되는 부분이 있다면 하나님을 경외하지 않고 그 말씀 속에 행하지 않는 가정이 아닌지 점검하고 살펴보아야 한다.

땅을 보지 말고 하늘을 보라

산에서 멧돼지가 내려와 나무에서 떨어진 도토리를 마구 주워 먹었다. 도토리를 다 주워 먹은 멧돼지는 도토리가 땅속에서 나오는 줄 알고 자꾸만 땅을 팠다. 도토리가 땅에 떨어져 있으니 나무에

붙어 있는 열매라는 것을 몰랐던 것이다.

이런 멧돼지 과科의 사람들은 하늘은 쳐다보지 않고 눈에 보이는 것이 전부인 줄 알고 오로지 땅만 쳐다본다. 땅만 파면 물질의 복을 받는 줄로 착각하고 육적으로만 세상 것을 감지하려고 한다. 그러나 멧돼지가 먹은 도토리는 가을이 되어 나무에서 저절로 떨어진 것일 뿐, 사계절 내내 먹을 순 없다.

하나님의 세계를 모르면 이 멧돼지처럼 살 수밖에 없다. 이슬과 비와 햇빛, 이 모두는 하늘에서 준 것이다. 우리에게 하늘에서 주신 복이 있는데 그것이 땅에서 온 것으로 알고 우리의 생각을 땅에만 머물게 하면 절대로 그 복을 얻을 수 없다. 땅만 쳐다보지 말고 하나님 말씀에 복종하며 행함이 있으면 "네 손이 수고한 대로 먹을 것"이라고 축복하셨다. 그러므로 어려움이 있어도 하나님께서 함께하신다는 믿음으로 나아가는 것이 중요하다.

이 말씀은 특히 가정의 가장에게 의미가 있다. 세상에 나가서 내가 수고한 대로 얻어진 것, 저 밖에 나가서 내가 투자하고 열심히 산 결과는 하나님 말씀대로 살면서 나아갔더니 형통한 복을 받은 것으로 나타나야 한다. 어떤 재벌이 사업을 잘해서 물질은 풍족하였으나, 가정이 화목하지 않았고 많은 문제를 가지고 있었다. 이는 온전한 축복이라 할 수 없다. 시편 128편의 말씀에 담긴 축복이 아닌 것이다.

마귀는 우리 보편적인 사람에게 가장 약한 부분인 물질을 주면서 우리를 유혹해 믿음을 떠나게 만든다. 그러므로 물질의 유혹에 넘어가면 안 된다. 또한 세상 사람들이나 악인이 형통하는 것을 부러워해서도 안 된다. 그들이 이 세상의 부를 가졌을지 모르나 하늘의 소망은 갖고 있지 않기 때문이다. 우리는 그보다 의인이 잘사는 것을 부러워해야 된다. 저 믿음의 가정은 어떻게 신앙생활을 해서 하나님이 저렇게 복을 주셨을까 하고, 축복 받은 이유를 배우려고 노력해야 한다.

가정과 자녀의 복

시편 128편 3절에 "네 집 안방에 있는 네 아내는 결실한 포도나무 같으며 네 식탁에 둘러앉은 자식들은 어린 감람나무 같으리로다."라고 했다. 여기서 포도나무는 화평과 사랑, 열매를 의미한다. 가장이 하나님의 말씀의 도에 복종하고 경외하며 믿음으로 나아갔을 때, 네 집 내실에 있는 네 아내는 결실한 포도나무 같다는 것이다. 이는 열매를 말한다. 이 열매의 복을 받기 위해 아내는 현숙한 여인이 되어야 한다. 가정과 자녀를 잘 돌봐야 하고 그들 심령에 믿음이 뿌리내려 열매 맺을 수 있도록 힘써야 한다. 아내가 현숙하지 못하면 열매를 맺을 수 없다.

아내와 남편이 믿음 안에서 하나가 되어 여호와를 경외하면서 말씀대로 나아간다면 그 손이 수고한 대로 주님이 원하시고 기뻐하시는 믿음의 열매를 먹는다. 즉, 가정이 형통한 복을 받고 사랑과 화평의 열매를 맺는다.

또 "네 상에 둘린 자식은 어린 감람나무 같으리로다."라는 구절이 있다. 여기서 어린 감람나무는 무한한 장래성과 번영을 뜻한다. 온 식구가 믿음 안에서 하나님 말씀의 도에 복종하고 여호와를 경외하면 자식을 통해 하나님이 큰 축복을 주신다는 것이다.

교회를 통해 선포되는 복

시편 128편 1~3절은 남편과 아내가 믿음으로 하나 되어 움직였을 때 부부의 행복이란 축복을 받게 되고, 그렇지 않으면 복을 받을 수 없다는 것을 우리에게 가르쳐 준다. 또한 자녀들이 믿음 안에 들어오는 것이 얼마나 큰 축복인지 가르쳐 준다. 4절에 보면 "여호와를 경외하는 자는 이같이 복을 얻으리로다."라고 기록해 놓았다. 또 5절을 보면 "여호와께서 시온에서 네게 복을 주실지어다."라고 했다. 여기서 시온은 교회를 의미한다. 지금까지 "형통하리로다", "감람나무 같으리로다", "얻으리로다"라고 했는데 5절에선 "주실지어다"라고 명령하고 있다.

한 가정이 복을 받게 되는 것은 이처럼 하나님께서 명령하고 선포하셨기 때문이다. 이것이 바로 목사의 '축도'이며 축복권이다. 복을 "주실지어다", "받을지어다"가 바로 이것이다. 그래서 강단에서는 명령하고 선포하는 것이다. 우리는 축도를 통해 선포되는 이 축복을 받아 누려야 한다.

"시온에서 네게 복을 주실지어다."라는 말씀은 성도가 교회에서 복을 받는다는 의미이다. 이 말씀을 그대로 믿어야 한다. "너는 평생에 예루살렘의 복을 보며"는 하나님이 구원의 복을 주신다는 말씀이다. 또 "네 자식의 자식을 볼지어다."는 장자의 복을 받는다는 말씀이다.

이 모든 축복을 교회를 통해 받길 원한다. 여러분이 출석하는 교회는 샘물과 같은 곳이다. 교회에서, 강단에서 선포되어지는 축복이 이렇게 샘물처럼 흘러간다는 사실을 알아야 한다.

결국 시편 128편에서 우리에게 주시겠다는 축복은 외부에 나가는 축복, 내실에 있는 축복, 가정의 축복, 자녀의 축복, 교회의 축복이다. 하나님을 경외하고, 그 법도에 온전히 순종하여 이 5가지 복을 하나도 놓치지 말고 다 받아야 한다.

"여호와를 경외하며 그의 길을 걷는 자마다 복이 있도다 네가 네 손이 수고한 대로 먹을 것이라 네가 복되고 형통하리로다. 네 집 안방에 있는 네 아내는 결실한 포도나무 같으며 네 식탁에 둘러앉은 자식들은 어린 감람나무 같으리로다. 여호와를 경외하는 자는 이같이 복을 얻으리로다 여호와께서 시온에서 네게 복을 주실지어다 너는 평생에 예루살렘의 번영을 보며 네 자식의 자식을 볼지어다 이스라엘에게 평강이 있을지로다."(시편128:1~6)

거룩한 전진을 위한 장애물

예수님을 구주로 시인한 그 순간부터 우리는 가나안 땅을 향해 긴 여행을 시작한다. 가나안 땅이 결국 어디인가? 천국이다. 그런데 가나안을 향한 긴 여행길에 축복만 있는 것은 아니다. 모세가 이스라엘 백성을 이끌고 애굽에서 나와 가나안 땅으로 가는 동안 광야에는 많은 장애물이 있었고 훈련의 시간이 있었다. 우리의 신앙이 완전한 믿음으로 세워져야 천국에 들어갈 수 있기에, 하나님은 우리 삶의 곳곳마다 거룩한 전진을 위한 장애물을 놓고 계신다. 그래서 우리는 날마다 삶 속에 오는 장애물을 통하여 내가 주님이 기뻐하시는 길로 가고 있는지, 거룩한 성도로서 영적 힘을 받아 바르게 나아가고 있는지 분별하여 거룩한 전진을 할 수 있는 신앙의 훈련을 받아야 한다.

교회가 예배 형태나 순서에 지나치게 얽매어 형식적으로 예배를 드리면 억지로 교회에 나온 초신자들은 하나님을 제대로 만나기가 힘들다. 목회자들은 성도들이 믿음으로 전진하며 나아가는 데 방해되는 형식적인 예배의 틀을 벗어나 살아서 역사하시는, 성령의 임재가 있는 예배로 이끌어야 한다. 십자가를 세워 놓았다고 해서 다 교회가 아니다. 하나님의 임재가 없다면 진짜 교회가 아니라는 얘기다.

오랜 신앙인 중에도 "나는 엄마 뱃속에서부터 신앙생활을 했다."며 교만을 부리는 사람이 있다. 신앙생활을 오랫동안 해서 자신이 온전히 섰다고 착각하는 것이다. 신앙생활을 오래한 성도일수록 교만함으로 지금의 신앙에 안주하지 말고 날마다 새롭게 예수님을 만나기 위해 더 높은 영적 단계로 올라가야 한다. 주님이 찾는 사람은 예배자이다. 내 방식대로, 내 생각대로(땅의 차원) 예배하는 자가 아니라 신령과 진정으로 주님의 뜻과 의도에 맞는(하늘의 차원) 예배를 드리는 자이다.

아이 성에 진격한 여호수아

여호수아는 가나안 땅에 들어가기 위해 먼저 정탐꾼들을 보냈는데, 그중에 10명은 믿음이 없는 소리를 했다. 그들의 키가 장대하고 엄청나니 우리가 들어가면 죽는다는 것이다. 반면에 믿음이 있는 정탐꾼들은 하나님이 주신 땅이므로 정복이 가능하다고 했다. 여리고 성을 공격할 때 일곱 제사장을 세워 일곱 나팔을 불게 하고 오직 하나님의 전략과 그분의 의도에 따라 전진하며 나아갈 때, 한 명도 다치지 않고 그 엄청나게 큰 성이 함락되는 기적이 그들 앞에 펼쳐졌다.

여리고 성은 어마어마하게 큰 성이다. 반면에 아이 성은 그것과 비교할 수 없는 아주 작은 성이다. 여호수아가 아이 성에 정탐꾼을 보내자 "여리고 성은 엄청나게 크고 무서웠는데 아이 성은 사람도 많지 않습니다. 한 3,000명 정도만 가면 얼마든지 무너뜨릴 수 있습니다."라고 보고하였다.

여호수아는 믿음이 없는 사람들, 그냥 인간적인 계산과 경험의 눈으로만 보고 판단하는 사람들의 말을 듣고 그대로 행해 버렸다. 무슨 일이든 영으로 판단하고 하나님의 지시를 받아 움직여야 되는데 하나님께 묻고 지시를 받지 않은 것이다.

여호수아는 정탐꾼의 말만 듣고 3,000명을 데리고 가 아이 성

사람들과 싸웠다. 그러나 오히려 그들이 이스라엘 백성 36명을 죽였고, 싸움에서 패하여 도망친 여호수아는 하나님 앞에 이렇게 기도했다.

"하나님! 이게 어찌된 일입니까? 분명히 저를 통해서 가나안 땅까지 이끌어 주신다고 하지 않으셨습니까? 그 강한 여리고 성도 하나님이 이기게 해 주셨는데 이 조그만 아이 성은 왜 지고 말았습니까?"

여호수아가 하나님 앞에 얼마나 울면서 기도했는지 모른다. 그러자 하나님께서 이 싸움에서 질 수밖에 없었던 이유를 가르쳐 주셨다.

"너희 3,000명 무리 중에 범죄자가 있다."

여리고 성을 무너뜨릴 때 여리고 백성들이 우상으로 섬겼던 것들, 호화스러운 것들을 아간이 감춘 것이다. 시날 산의 외투 한 벌과 은 200세겔과 50세겔 중의 금덩이 하나를 감췄다. 하나님께 이미 바쳐진 것인데 아간에게 탐심이 생겨 훔쳤으니 하나님이 얼마나 진노하셨겠는가?

여기에서 그들은 제비뽑기를 했다. 아간은 빨리 회개해야 했지만 기회를 주는데도 놓쳐 버리고 말았다. 결국 아간이 뽑혔다. 여호수아가 "네가 어찌하여 이렇게 했느냐?"고 묻자 아간은 "탐심이 생겨서 내가 이렇게 감췄노라."고 대답한다.

탐심과 우상을 경계하라

천국을 향한 거룩한 전진의 장애물은 바로 탐심이다. 탐심을 없애야만 가나안 땅까지 들어갈 수 있다. 우리는 이 장애물을 잘 파악해야 한다. 그러지 않으면 신앙에 실패할 수밖에 없다. 영적인 부분에서 실패한다면 결국 우리는 낙오자이다.

하나님께서는 모세를 통해 애굽에서 종살이하고 있던 이스라엘 백성들을 구원해 내셨다. 홍해를 갈라 이들을 인도해 가나안 땅에 이를 때까지 광야 생활을 시키셨다. 이스라엘 백성들은 하나님의 살아 계심을 직접 눈으로 보고 체험했지만 늘 원망하고 불평하며 우상을 만들어 섬긴 결과로 광야길을 돌고 돌아 가나안 땅에 들어가기까지 40년이나 걸리게 하셨다.

시날 산의 평지에는 12,000명의 사람들이 사는데, 이곳은 엄청나게 호화로운 옷들을 생산하는 곳이다. 옷에 무늬를 넣어 우상의 문화를 만드는 곳이라 하나님의 문화는 거의 없다. 그래서 하나님이 이곳을 점령하게 만드신 것이다.

우리는 이상한 형상이 새겨진 옷을 입거나 자녀에게도 입히면 안 된다. 귀신의 모양, 짐승의 모양, 혹은 태양 모양 등 우상의 형상을 통해 우리도 모르는 사이에 사단의 영역이 우리 삶에 자리 잡게 되기 때문이다. 어린이들이 좋아하는 만화 캐릭터들을 스티커로 만들어 붙이고, 옷과 신발에 새겨 넣어 입으며, 요즘 젊은이들이 해골 무늬를 패션 아이템으로 즐겨 애용하는 것은 어쩌면 너무나 일상적인 행동이겠지만, 영적으로 보면 그 형상 속에서 악한 영계가 장난칠 수 있는 틈을 준 것이 된다. 우리는 이러한 사소한 것까지도 철저히 경계해야 한다.

아간은 왜 죽을 수밖에 없었나?

하나님이 함께하지 않으시면 결국 조그만 아이 성도 못 무너뜨리는 것이다. 우리가 연약하기에 우리의 중심이 하나님 편에 있다면 그 일이 너무 커서 두렵다 하더라도 하나님이 우리와 함께하시면 이길 수 있다. 반면 세상의 지식과 방법, 내 경험으로 충분히 가능한 일일지라도 하나님이 함께하지 않으시면 패배할 수밖에 없다. 하나님을 모시지 않고 내 생각대로, 내 힘으로 하려고 하면 안 된다. 내가 할 수 없는 것도 하나님이 함께하시면 가능해진다.

거룩한 전진의 생활이 힘들었던 아간은 순간적으로 욕심이 났다. 그러던 중에 너무나 탐스러운 것이 보이자 하나님께 이미 바쳐진 것인데도 훔쳐 버렸다. 결국 아간은 회개할 기회를 놓치고 그 가족과 속해 있는 짐승들까지 모두 돌로 쳐서 죽임을 당했다. 아골 골짜기의 돌무더기가 바로 그 흔적이다.

하나님께 바친 것을 욕심내면 안 된다. 삶 속에서 하나님을 섬기지 않고 물질을 우상으로 섬겼다면 빨리 이것을 버리고 회개해야 한다. 제비뽑기를 하여 범인을 색출하려고 했을 때, 아간이 "내가 범인이다."하고 말했다면 하나님이 안 죽였을 것이다. 그런데 마지막까지 입을 다물고 있다가 회개할 기회를 놓쳐 버린 것이다.

강단에서 선포되는 말씀을 통하여 회개의 기회를 받았다면 반드시 그 자리에서 회개하고 굴복해야 한다. 주님께 빨리 시인해야 한다. "내가 이런 자입니다."하고 시인해야 한다. 진정으로 회개할 때, 아간에게 내려졌던 하나님의 진노가 우리에게 임하지 않고 긍휼함을 입는 은혜를 받을 수 있다.

아버지 것을 아버지에게

가나안을 향해 거룩한 전진을 하기 위해선 하나님 것을 훔치면 절대 안 된다. 여기서 '하나님 것'은 십일조도 될 수 있다. 하나님께 바쳐야 될 십일조는 내 것이 아니다. 또 소산물의 처음 것은 다 하나님 것이다. 그런데도 하나님께 물질을 드리는 데 인색한 경우가 있다. 아버지 것을 아버지에게 돌려 드리는 것인데도 말이다. 하나님 것을 마땅히 먼저 드리는 것, 이것이 바로 축복이다.

하나님 것을 감추면 온 가족이 고생하고 자녀들이 믿음으로 돌아올 수 없다. 항상 아버지 것을 구별하고 거룩한 전진의 장애물인 탐심을 뛰어넘어야 한다. 장애물과 싸우고 말씀에 순종해 이겨야 한다. 하나님이 한 달 수입을 주셨으면 하나님의 것을 먼저 드려야지 감추거나 훔쳐서는 안 된다.

말라기에 보면 "너희들은 십일조와 헌물을 떼어먹었느니라. 나의 것을 도적질했기 때문에 너희들은 저주를 받을 수밖에 없다."는 말씀이 있다. 그러므로 우리는 거룩한 전진의 장애물인 탐심을 극복해야 한다. 특히 물질에 대한 탐심을 철저히 경계해야 한다. 물질을 하나님께서 나에게 주신 축복이라 여기면서 감사함으로 가야 하는데 마음속에 탐심이 생기면 감사가 없어진다. 그러나 우리는 아버지께 드릴 수 있도록 주신 것에 항상 감사가 넘쳐야 한다.

우리 가정이 살고 삶의 축복을 받으려면 아버지 말씀에 똑바로 서야 한다. 건강하고 싶다고 건강하고, 병들고 싶다고 병들까? 모든 것이 하나님 주관이다. 우리는 하나님 말씀에 순종하고 굴복해야 한다. 탐심이라는 장애물을 극복하고 범사에 감사해야 한다. 그리하여 은혜의 축복 속에 가나안 땅까지 들어가는 삶을 살아야 한다.

"이에 여호수아가 아침 일찍이 일어나서 이스라엘을 그의 지파대로 가까이 나아오게 하였더니 유다 지파가 뽑혔고 유다 족속을 가까이 나아오게 하였더니 세라 족속이 뽑혔고 세라 족속의 각 남자를 가까이 나아오게 하였더니 삽디가 뽑혔고 삽디의 가족 각 남자를 가까이 나아오게 하였더니 유다 지파 세라의 증손이요 삽디의 손자요 갈미의 아들인 아간이 뽑혔더라.

그러므로 여호수아가 아간에게 이르되 내 아들아 청하노니 이스라엘의 하나님 여호와께 영광을 돌려 그 앞에 자복하고 네가 행한 일을 내게 알게 하라 그 일을 내게 숨기지 말라 하니 아간이 여호수아에게 대답하여 이르되 참으로 나는 이스라엘의 하나님 여호와께 범죄하여 이러이러하게 행하였나이다. 내가 노략한 물건 중에 시날 산의 아름다운 외투 한 벌과 은 이백 세겔과 그 무게가 오십 세겔 되는 금덩이 하나를 보고 탐내어 가졌나이다 보소서 이제 그 물건들을 내 장막 가운데 땅속에 감추었는데 은은 그 밑에 있나이다 하더라.

이에 여호수아가 사자들을 보내매 그의 장막에 달려가 본즉 물건이 그의 장막 안에 감추어져 있는데 은은 그 밑에 있는지라. 그들이 그것을 장막 가운데서 취하여 여호수아와 이스라엘 모든 자손에게 가지고 오매 그들이 그것을 여호와 앞에 쏟아 놓으니라.

여호수아가 이스라엘 모든 사람과 더불어 세라의 아들 아간을 잡고 그 은과 그 외투와 그 금덩이와 그의 아들들과 그의 딸들과 그의 소들과 그의 나귀들과 그의 양들과 그의 장막과 그에게 속한 모든 것을 이끌고 아골 골짜기로 가서 여호수아가 이르되 네가 어찌하여 우리를 괴롭게 하였느냐 여호와께서 오늘 너를 괴롭게 하시리라 하니 온 이스라엘이 그를 돌로 치고 물건들도 돌로 치고 불사르고 그 위에 돌무더기를 크게 쌓았더니 오늘까지 있더라. 여호와께서 그의 맹

렬한 진노를 그치시니 그러므로 그곳 이름을 오늘까지 아골 골짜기라 부르더

라."(여호수아서7:16-26)

✻

포도원을 허는 작은 여우

아가서는 솔로몬의 애정을 표현한 시^{詩}이면서도 복음적인 시이다. 문자 그대로 보면 두 사람의 연인 관계를 다루고 있지만 성도와 교회, 예수님과의 관계를 비유한 것으로 볼 수 있다. 여기에는 귀하고 은혜로운 표현이 많으며, 주님과 나의 관계 속에 사랑이 시작되고 진전되어 승리까지 이어질 수 있는 말씀이 담겨 있다.

특히 아가서 2장 15절에 다음과 같은 구절이 있다. "우리를 위하여 여우, 곧 포도원을 허는 작은 여우를 잡으라 우리의 포도원에 꽃이 피었음이라." 공동 번역에는 "여우 떼를 잡아 주세요. 꽃이 한창

인 우리 포도밭을 짓밟는 새끼 여우 떼를 잡아 주세요."라고 되어 있다. 여우 떼를 잡아 달라는 이 구절을 우리가 어떻게 이해해야 할까? '포도원'은 교회를 말하고, '우리를 위하여'는 솔로몬과 술람미 여인의 사랑이 시작되어 진행되고 승리하는 과정을 말한다. 그런데 술람미 여인과의 사랑을 방해하고 위협하는 여우 떼, 지금 사랑의 꽃이 한창 피고 있는데 이것을 방해하고 꽃을 따 먹으려고 하는 여우 떼가 있다는 것이다.

이것을 복음적으로 해석하면 예수님이 이 땅에 오셔서 우리를 위해 죽으시고, 부활하셔서 승천하시고, 사도들을 통해 교회를 세우심으로 은혜의 때, 성령의 때가 되었다는 것이다. 사도들을 통해 사역이 이루어진 이때는 꽃이 피는 시기이다. 그런데 우리가 성령의 역사로 예배 드릴 때 주님과 만나는 것을 방해하고, 이것을 빼앗아 가려는 여우가 찾아온다는 것이다. 아가서 2장 17절 말씀에 '날이 기울고'라는 구절이 나온다. '날이 기울었다'는 것은 예수님이 오실 마지막 재림의 때를 말하고 있다. 재림 예수로 오실 때는 열매를 보러 오신다. 예수님이 재림하시기 전, 꽃이 피어 있는 이 시기에 교회와 우리 마음의 성전을 허물기 위해 여우가 찾아온다는 것으로 해석할 수 있다.

여우는 썩은 것을 좋아한다

이 마지막 때에 가정이 무너지고, 교회가 허물어지는 경우를 주변에서 자주 본다. 주의 종이 바로 서지 못하고 오히려 사단에게 조종당해 양 떼들을 실족시키는 일이 빈번하게 일어나고 있다. 이는 작은 여우가 간교하고 교활하게 이런 일들을 하고 있기 때문이다. 교회에는 교활하고, 간교하고, 거짓말 잘하고, 의심 많은 여우들이 있다. 우리는 이 여우를 잡아내야 한다. 이 여우를 잡지 않고 목회하면 결국 여우가 양 떼를 잡아먹는 일이 생긴다.

교회 뿐 아니라 사회도 마찬가지이다. 이 사회가 엄청나게 썩고 있는 것은 작은 여우가 사회의 모든 것 속에 고통을 심어 놓기 때문이다. 또한 가정도 이 작은 여우가 조금씩 허물고 있다. 전에는 주로 젊은 사람들이 이혼을 많이 했는데 요즘은 노년에 이르러서도 이혼을 많이 하는 것을 본다.

이 여우를 도대체 어떻게 잡아야 될까? 여우를 잡는 방법은 바로 말씀 속에 나와 있다. 여우는 썩은 것을 좋아하므로 여우를 잡으려면 썩은 것을 완전히 뽑아 버려야 한다. 예를 들어 가정의 경우, 부부가 다투게 되면 서로의 단점과 허물을 들추거나 둘 사이의 과거를 들추면서 서로 상처를 준다. 바로 이것이 썩어진 것으로, 여우가 이를 파고들어 가정을 허무는 것이다.

사랑으로 똘똘 뭉쳐 있고, 사랑으로 하나가 되어 있을 때는 서로 허물이 보이지 않기에 여우도 나타날 수 없다. 그러나 사랑이 없을 때는 허물이 큼지막하게 보인다. 이 허물, 즉 썩어질 것을 좋아하는 여우는 이를 통해 교회와 사회, 그리고 가정을 짓밟으려고 한다.

예로부터 유대 땅에서는 포도를 재배하는 것이 최고의 농사였다. 그런데 포도원에는 늘 작은 여우가 있어서, 낮에 사람들이 있으면 굴 속에 숨어 있다가 아무도 없는 밤이면 슬며시 나온다. 이 여우는 포도원 둥지에 꽃이 피면 포도밭을 짓밟아 버리는데, 이것이 여우의 습성이다.

내 속의 여우를 잡으려면

의사는 병을 치료하기 위해 썩어지고 곪은 것을 들추어낸다. 그러나 작은 여우는 회복시키려고 들추어내는 것이 아니라 갉아먹고, 뜯어먹고, 짓밟으려고 들추어낸다. 우리는 이 작은 여우의 정체를 정확히 파악해야 한다. 이 작은 여우는 간사하게 굴 속에 숨어서 사람들에게 잘 나타나지 않는다. 또 겉으로는 좋은 말을 하면서도 실제론 그 영혼을 갉아먹어 버린다.

교회에서 친하게 된 집사끼리 같이 밥 먹고 대화해 보니 서로 마음이 잘 맞았다. 이 성도가 아주 좋은 사람이구나 생각하고 친해지면서 좋은 인간관계를 맺는다. 그런데 이 가운데 내 속에 숨어 있는 작은 여우가 서서히 나온다. 서로 친하니 속의 것을 말하기 시작한다. 누구는 이렇고, 누구는 저렇고 신나게 이야기를 나누며 남의 허물을 들추고, 교회를 흉보고, 가정을 흉보고, 목사를 흉보게 된다. 서로 친해져서 인간관계는 좋을지 몰라도 대화 속에서 사람을 죽이고 있음을 스스로 모른다. 서로 친한 관계 속에 역사하는 이 작은 여우가 최고로 무섭다는 것을 알아야 한다.

누구나 마음속에 포도원을 허는 작은 여우가 있다. 이 여우를 꼭 잡아야 되는데 어떻게 잡을 것인가? 먼저 불을 지펴야 된다. 불을 피우면 뜨겁고 매운 연기가 나니 굴 속에 숨은 여우가 숨을 쉴 수 없어 결국 밖으로 나오게 된다. 여기서 불은 문자 그대로의 의미라기보다는 성령의 불을 뜻한다. 내 안에 임한 성령의 불로 썩어질 것을 모두 태워야 한다. 또한 성도들이 하나 되어 사랑이 넘치고, 성령이 충만하고, 말씀대로 살면 이것들이 연기가 되어 여우를 견디지 못하게 만들 수 있다.

날이 기울어지고 재림의 때가 다가오니 사단이 발악을 하고 작은 여우들이 활개치고 있다. 특히 사단은 우리가 이제 막 교회 안으로 들어오려고 할 때, 혹은 신앙이 한참 좋아지려고 할 때, 활동을 시작한다. 믿음이 없을 때는 내버려 두다가 믿음이 좋아지려고 할 때 이를 꺾어 버리려고 방해 공작을 편다. 가정에서도 부부의 사랑을 이제 뭔가 알려고 할 때, 작은 여우가 나타나 헐어 버리고 다 짓밟아 버린다. 따라서 우리는 이를 잘 분별해야 한다.

사랑은 곧 용서다

교회를 정말로 사랑하고 살리려고 하는 사람은 여우가 아니다. 교회를 짓밟고, 목사를 흉보게 만들고, 성도들의 허물을 들추어서 불평하게 만들고, 사랑하지 못하게 만드는 것이 바로 여우다. 이상하게 누군가와 친해지면 원망과 불평이 입에서 술술 나오게 만드는데, 이것이 정말 무서운 것이다.

우리는 스스로 '내가 바로 작은 여우가 아닐까?' 하고 의심해야 한다. 만약 그렇다면 '성령의 불을 때서 이 여우가 밖으로 나오게 해야겠구나.' 하고 생각하며 금식하고, 기도하고, 성령을 충만히 받기를 바란다. 그 길 외에는 방법이 없다.

결국 내가 작은 여우가 되지 않으려면 사랑이 시작되어 진전되고 완성되는 승리의 단계까지 들어가야 한다. 이 사랑이 승리하려면 무엇보다도 다른 사람의 허물을 들추지 말아야 한다. 내 속에 숨어 있는 썩은 것을 과감히 버리고 서로 사랑해야 한다.

사랑을 정리하면 결국 용서다. 용서하는 마음과 긍휼의 마음과 섬기는 마음이 꼭 있어야 한다. 그래서 꽃이 필 때 헐어 버리지 말고 꼭 살려서 열매 맺는 신앙으로 나아가야 한다. 그렇게 나아간다면 서로 화목하고, 도와주고, 섬기는 아름다운 가정과 교회가 이루어질 것이다.

"우리를 위하여 여우, 곧 포도원을 허는 작은 여우를 잡으라 우리의 포도원에 꽃이 피었음이라. 내 사랑하는 자는 내게 속하였고 나는 그에게 속하였도다 그가 백합화 가운데에서 양 떼를 먹이는구나. 내 사랑하는 자야 날이 저물고 그림자가 사라지기 전에 돌아와서 베데르 산의 노루와 어린 사슴 같을지라."(아가서2:15-17)

❖

마귀의 유혹을 이기려면

우리가 살아가는 이 세상은 빛과 어둠이 있는 것처럼 진리와 거짓이 있다. 참 진리는 오직 하나님을 믿는 기독교뿐이다. 타 종교인들이 들으면 독선적이라고 비난할 것이다. 왜 남을 인정하지 않고 혼자서만 진리라고 주장하는 것이냐고 못마땅해할 것이다. 그러나 진리는 오직 하나다. 여럿을 다같이 인정한다면 그것은 더 이상 진리가 아니다.

우리 주변에는 어떤 신, 혹은 어떤 지도자가 진짜인지 가짜인지 몰라 오랫동안 헤매고 다니는 사람들이 너무나 많다. 분별을 못하고 있는 것이다. 이는 마귀가 인간을 혼란에 빠뜨려 참 진리를 붙잡지 못하도록 유인하고 있는 것이다. 성경에도 거짓 선지자들이 나약한 믿음을 가진 자들을 미혹했던 예가 많다. 마귀는 각자의 심령에 따라, 믿음에 따라 유혹한다. 내가 신앙이 좋든 나쁘든 거기에 맞춰 유혹한다. 얼마나 끈질기고, 간교하고, 다양하게 우리를 무너뜨리는지 놀라지 않을 수 없다.

말씀의 진리를 깨닫고 생명의 길을 걷고 있으면 하나님의 영이 온전히 우리를 점령한다. 그러나 오늘날 사단은 이미 많은 사람들의 마음을 점령하고 있다. 우리가 깊이 깨닫지 못해서 그렇지 치열한 영적 싸움이 우리 안에서 날마다 은밀하게 일어나고 있다. 우리가 이 땅에서 숨을 쉬고 있는 동안 이 영적 전쟁은 계속되며 지금 이 순간에도 영적 전쟁을 치루고 있다. 육신의 장막을 벗을 때까지, 천국에 갈 때까지 어쩔 수 없이 이 전쟁을 치러야만 하는 것이 우리의 삶이고 숙명이다.

육의 싸움은 치고받으며 소리를 지르지만, 영의 싸움은 소리가 없다. 보이지도 않는다. 영의 싸움은 내 속의 보이지 않는 곳에서 은밀하게 일어나기 때문에 물리치는 방법을 잘 찾을 수 없다는 것이 가장 큰 문제다. 그런데 하나님이 그 방법을 제시하고, 싸움을 이길 수 있는 길을 열어 주셨다. 그것은 바로 성경이다. 우리가 하나님 말씀을 날마다 읽고 말씀대로 살아가야 하는 이유가 바로 여기에 있다.

마귀의 첫 계략은 우리에게 조용히 덫을 놓는 것이다. 쥐를 잡으려면 덫을 놓아야 하듯이, 사단도 우리에게 덫을 놓는다. 그런데 우리는 이 덫이 어디에 있는지 잘 모른다. 들에 있는 짐승들도 어디에 덫이 있는지 잘 모른다. 오직 사냥꾼들만 안다. 그들은 짐승들이 오고 가는 길을 잘 알고 있어 그 자리에 덫을 놓는다.

우리 크리스천들은 늘 경계하고 깨어 있어, 마귀가 어디에 덫을 놓아 유혹하려고 하는지 알아야 한다. 마귀가 놓은 덫이 가정에 있을까? PC방에 있을까? 아니면 나이트클럽이나 룸살롱에 있을까? 혹은 사업장이나 직장, 교회에 있을까? 이것을 알려면 성경 말씀을 알아야 한다. 말씀을 모르고선 어디에 덫이 있는지 도무지 알 수 없다.

보이지 않는 불순종의 덫

마귀의 첫 유혹은 우리와 가장 가까운 곳에 있는데, '불순종의 덫'이 대표적이다. 대언자인 목사가 성도에게 하나님 말씀을 전달한다. 그때 이 말씀이 생각 속에서 경험에 비추어 이해되지 않으면 성도는 당연히 순종이 안 된다. 순종하라고 말씀을 주었을 때 이 말씀을 내가 그대로 받아들이고 소화하면 덫에 안 걸리지만, 이해가 되지 않아 불평하고 화내며 불순종의 영에 사로잡히면 이미 나는 덫에 걸린 사람이 되어 버리고 만다.

우리가 교회에 다니면서 얼마나 많이 이 불순종의 덫에 걸리는지 모른다. 이는 세상의 염려와 재리財利 때문이다. 로마서 5장 19절에 한 사람이 순종해서 많은 사람을 의인으로 만들고, 한 사람이 불순종해서 많은 사람을 죄인으로 만든다고 했다. 한 사람이 말씀에 불순종하니 온 인류가 죄인이 되었고, 죄악 속에 살게 되었고, 엉겅퀴가 나왔고, 잉태하는 고통이 더했다는 것이다. 하와 한 사람이 불순종해서 아담이 선악과를 따먹었고 온 인류가 죄악 속에 살게 되었다는 것이다.

지금도 마찬가지다. 하와가 뱀의 꼬임에 넘어가 선악과를 따먹은 죄를 예수님께서 십자가를 지심으로 해결하셨는데도, 우리 마음 속에 예수 그리스도를 온전히 받아들이지 않은 채 그분의 말씀에 순종치 않고 있다. 불순종의 영이 이미 내 마음을 사로잡고 있을 때, 내가 잘 이해되지 않는 부분에 가서는 결국 하나님의 말씀이라고 해도 불순종하고 만다.

오늘날 목회자들이 마귀의 유혹의 손길을 거절하지 못해 실족한 경우가 많다. 그러다 보니 성도들의 마음에 목회자상이 잘못 각인돼 있다. "목사는 다 못 믿어. 믿을 수가 없어." 하나님의 백성이 이렇게 덫에 걸려 있어 영적 지도자인 담임 목사가 어떤 말을 해도 안 믿어지고 불순종하게 되는 것이다.

마귀는 우리가 움직이는 곳마다 덫을 놓는다. 그러나 우리가 하나님 말씀을 바탕으로 매사에 순종하면 덫에 걸리지 않는다. 그래서 나 한 사람이 제대로 순종하면 내 이웃이 살고, 내 형제가 살고, 온 나라 백성이 살고, 열방이 다 산다는 것이다.

회색을 분별하는 눈이 있어야

사실 덫을 놓았어도 우리가 안 걸리면 된다. 그러나 마귀는 항상 근사한 방법으로 우리를 유혹한다. 첫 번째 유혹인 불순종의 덫을 이기고 나면 두 번째 단계에서는 마귀가 아주 근사하게, 우리가 전혀 알아차리지 못하게 유혹하며 다가온다.

예수님이 흰색을 상징한다면 마귀는 검은색을 상징한다. 하지만 마귀는 절대로 자신의 색인 검은색으로 다가오지 않는다. 예수님이 흰색이라면 흰색과 비슷한 회색을 가지고 우리에게 슬며시 다가온다. 또 우리가 금방 알 수 있도록 유혹하지도 않는다. 예를 들면 목사가 불경을 들고 오지 않고, 거짓 선지자가 무당 책을 가지고 오지 않는다. 거짓 선지자는 성경책을 들고 와 그럴듯한 방법으로 우리를 유혹한다. 그래서 우리는 전혀 모르고 그 유혹에 넘어간다. 하나님의 말씀을 잘 모르면 마귀의 전략, 마귀의 궤계에 넘어갈 수밖에 없다.

예수 믿기 전에 우리는 세속에 살았고 불의 속에 살았다. 그러나 이제 신앙인이 됐으면 진리 안에 살아야 한다. 마귀의 유혹을 다 뿌리치고, 말씀에서 정확한 색깔을 가려낼 줄 아는 성도가 되어야 한다. 흰색이 아닌 것을 정확히 가리고, 검은색과 회색을 구별할 줄 알아야 한다. 그런 분별을 얻기 위해선 무엇보다도 하나님의 말씀 속에 진실하게 살아야 한다. 마귀를 물리칠 수 있는 방법은 육신의 힘이나 유창한 말이 아니다.

하나님의 말씀을 의지해 진실하게 나아가는 자는 무조건 승리할 수 있기에 말씀을 따라가야 한다. 그분은 이미 우리에게 길을 열어 놓으셨다. 그 길을 따라오라는 것인데 우리가 이해를 하지 못해 못 따라가는 것이다. 사단을 이기는 방법은 우리가 이해되지 않는 부분에서도 하나님의 말씀이라면 무조건 순종하고 좇으면 되는 것이다.

원망과 불평은 순종의 적

마귀의 세 번째 유혹은 원망과 불평이다. 교회 일에 앞장서면서 때로 뒷전에서 불평하는 자들이 많다. 그런데 이 불평은 애굽에서 나와 광야를 걷던 이스라엘 백성에게 죽음을 가져다 주었다. 그 세대는 원망과 불평 때문에 가나안 땅에 들어가지도 못했고, 그로 인해 얼마나 큰 고통 속에 살았는지 모른다. 내 입에서 나오는 원망과 불평은 불의의 자식이고, 거짓 아비의 자식이다. 마귀는 불평으로 우리가 하나님 말씀을 따르지 못하게 하고, 순종하지 못하게 한다.

원망하고 불평하기 시작하면 끝이 없다. 자꾸 원망하고 불평하면서 불의를 저지르게 된다. 마귀는 우리가 하나님 말씀대로 살지 못하도록 미혹하기 위해 자꾸 원망하게 만들고, 불평하게 만든다.

반면에 불평하지 않는 사람은 어떤 상황이든지 무조건 감사한다. 감사를 심은 사람은 항상 감사의 열매를 맺는다. 하나님 믿는 사람들은 자신의 행동 하나하나가 영에 심어지고, 그것이 자손에게도 그대로 전해진다는 것을 알아야 한다. 부모가 하나님 보시기에 바르게 살면 자식도 그 길을 따라 바르게 산다.

원망하고 불평하면 절대로 복이 오지 않는다. 마음 속 불평의 씨, 이것을 완전히 뽑아내고 감사를 통해 넘치는 축복을 얻기 바란다.

약한 마음을 경계하라

마귀의 네 번째 유혹은 자꾸 마음을 약하게 만들어 하나님을 불신하도록 하는 것이다. 마음이 약해 마귀의 유혹에 넘어간 사람이 너무나 많다.

"에이, 이제는 목사님이 내게 관심이 없는 모양이야. 심방도 잘 안 해 주고, 예배 드려도 내 앞에서 한 번 웃어 주지도 않잖아. 이젠 목사님이 날 사랑하지 않나 봐. 이런 교회에 다니기 싫다.”

“내 삶은 왜 이렇게 힘들지? 나 같은 사람은 물질이 없어서 교회에 헌금도 제대로 못하고, 목사님 볼 때마다 죄송한 마음뿐이야. 눈에 안 띄게 조용히 예배 드리고 얼른 가야지.”

이 모든 것이 마음이 약해져서 나오는 잘못된 생각들이다. 이런 유혹에 넘어가지 말아야 한다.

앞에서 언급한 마귀의 네 가지 유혹은 우리 가까이에서 역사하는 것들이다. 이것을 과감히 물리치고 쫓아내 버려 절대로 따라가지 말아야 한다.

하나님 말씀에 온전히 순종하면 덫에 안 걸리지만, 하나님 말씀에 순종하지 않을 때는 이미 덫에 걸린 것이다. 원망하고 불평한 죄, 불순종한 죄를 내려놓고 이를 제대로 분별하지 못했던 것을 회개하기 바란다. 강하고 담대한 십자가의 군병이 되려면 약한 마음을 버려야 한다. 그리하여 하나님이 주시는 말씀의 진리 속에서 아버지가 주시는 복을 그대로 받아 누려야 한다.

앞에서 말한 네 가지 사단의 계략에 넘어가지 않고 분별함으로 승리한다면, 아버지가 주시는 복을 넘치게 받을 수 있다. 하나님을 믿는 자녀, 말씀대로 사는 자녀는 절대로 잘못되지 않는다. 이제 여러분이 감사와 순종으로 회복하고, 말씀의 진리로 살아갈 때 이 땅에 최고의 승리자가 될 것이다.

"음심이 가득한 눈을 가지고 범죄하기를 그치지 아니하고 굳세지 못한 영혼
들을 유혹하며 탐욕에 연단된 마음을 가진 자들이니 저주의 자식이라."(베드로
후서2:14)

❖❖❖

지혜의 영을 간구하라

하나님의 말씀인 성경은 영으로 쓰였다. 그래서 우리는 말씀을 영으로 듣고 이해해야 한다. 영으로 받는 말씀은 꿀송이처럼 달고 은혜가 넘친다. 또한 주님이 주시는 영은 지혜까지 연결된다. 믿음에 지혜가 더해질 때 더 큰 역사가 일어나므로 크리스천이라면 누구나 하나님이 주시는 지혜를 구해야 한다.

총명이라는 것은 마음에서 온다. 온전한 지혜는 하나님 말씀을 바탕으로 할 때 그 빛을 발한다. 그렇기 때문에 우리는 오늘 이 총명과 지혜를 하나님으로부터 받아야 한다. 설교를 들을 때 그냥 흘리지 말고 말씀을 통해 영감을 얻고 깊이 깨달으면 놀라운 결실을 맺는다. 그러나 지혜가 없어 이를 그냥 흘려버리면 아무것도 남지 않는다.

하나님께서 당신의 백성들에게 똑같이 한 영으로 열어 주셔서 말씀으로 100배 결실을 맺도록 일률적으로 주시면 좋은데, 하나님은 억지로 우리 마음을 열길 원하시지 않는다. 그래서 자유 의지를 주신 것이다.

"너는 나를 믿느냐? 너는 내가 하는 모든 말씀을 받아들이느냐? 너는 나의 계명을 지키느냐? 네가 이렇게 순종하고 가면 내가 너를 이렇게 복 주리라." 이 때문에 오늘 이 말씀도 복 있는 자는 받아들일 것이고, 미련한 자는 내 것으로 받지 않을 것이다. 이것이 바로 지혜가 있고 없음의 차이다.

솔로몬의 지혜

솔로몬은 주님의 마음에 맞는 소원인 지혜를 구했다. 부귀영화를 구한 것이 아니라 말씀을 깨닫는 지혜를 구한 그 마음이 주님 앞에 상달되어 솔로몬의 기도를 들어주셨다. 솔로몬은 주님이 주신 놀라운 지혜로 옳고 그름을 가릴 수 있었다.

'솔로몬의 지혜로운 재판 이야기'는 신앙인이라면 누구나 잘 아는 내용이다. 창기인 두 여인이 한집에서 똑같이 아들을 낳았다. 3

일 동안은 아들들이 살아 있었는데 한 아이가 죽었다. 그 어미가 자다가 실수로 아들을 깔아 죽인 것이다. 그러자 그 어미는 죽은 자기 아이를 다른 아이와 바꿔치기해 버린다. 바뀐 것을 안 어미가 내 자식이라고 따져 보지만 이미 한 여자는 속이기로 작정을 한 상태였다. 그래서 솔로몬의 재판에 갈 수밖에 없었다. 솔로몬은 낳은 지 3일 된 아이를 유심히 살펴보았다. 겉모습만으론 누가 진짜 엄마인지 도무지 알 수 없었다. 그런데 솔로몬은 여기서 참으로 놀라운 판결을 내렸다.

"산 아이는 하나고, 엄마는 둘이니 아이를 잘라서 반씩 주라."

그러자 한 여인은 아이를 자르게 했고, 다른 여인은 자르지 말라고 했다. 그 여인은 "차라리 산 채로 아이를 저 여자에게 주라."고 말했다.

이 두 여자의 영은 각자 다른 영이었다. 영이 각자 다르니 판결을 다르게 받아들였고 다른 결과로 나타났다. 아이를 바꿔치기한 여인은 죽이는 영, 속이는 영, 갈라지게 하는 영을 갖고 있었기에 끝까지 죽은 아이가 자기 자식이 아니라고 거짓을 말했다. 두 영을 분별할 수 있는 지혜를 가진 솔로몬은 아이를 주라고 말한 여인을 가리키며 "저 여자가 진짜 어머니이니 아이를 돌려주라."고 판결을 내렸다.

살리는 영, 죽이는 영

거짓 엄마는 죽이는 영을 갖고 있었다. 그래서 아들을 갈려 죽게 했다. 또한 남을 속이는 영, 갈라놓게 하는 영을 갖고 있었다. 그러나 하나님의 영은 죽이는 영이 아니다. 살리는 영이다. 속이는 것도, 갈라놓게 하는 것도 하나님의 영이 아니다. 이 영들은 완전히 마귀에 속하는 영이다.

반면 다른 여인은 살리는 영을 갖고 있었다. 강한 모성애를 가진 그녀는 화목케 하는 영을 갖고 있었다. 내 자식을 살리기 위해서는 화목할 수밖에 없었다. 이 영은 바로 하나님의 영이다.

솔로몬은 오늘 예수 그리스도를 예표한다. 그리고 이 두 여자는 살리는 교회, 죽이는 교회를 예표한다. 오늘날 이 땅에 똑같이 십자가로 세워진 교회들이 수없이 많다. 하지만 목사가 어떤 영을 갖고 있느냐에 따라 달라진다. 목사의 마음 하나에 성도가 사느냐 죽느냐가 결정될 수 있다.

어떻게 해서라도 자식을 훔쳐다가 내 것으로 만들려고 했던 그 영. 여러분은 혹시 그런 마음이 조금이라도 있는가? 만약 그렇다면 지금 당장 회개해야 한다. 또 하나 중요한 것은 그 영이 갈라지게 했다는 것이다. 교회에서 성도들끼리 수군거리고, 모함하고, 분쟁 일으켜서 갈라지게 만드는 경우를 자주 본다.

하나님은 독생자 아들 예수 그리스도를 이 땅에 보내 주셔서 십자가에 못 박히심으로 우리를 살리셨다. 이것이 부모의 마음이다. 부모의 마음을 갖고 있는 예수 그리스도를 예표하는 솔로몬은 하나님이 주신 '지혜의 영'으로 바른 판결을 내렸다.

오늘날 이 땅의 목회자와 주의 종들은 성도들을 바라보며 살리는 영으로 달려가야 한다. 모성애를 가진 사랑의 마음, 화목케 하는 영으로 달려가야 한다. 내 욕심으로 성도를 이끌어 가는 것이 아니라, 오직 살리기 위한 마음을 가져야 하는 것이다. 그런데 영혼을 살리는 마음이 있느냐 없느냐, 영혼을 사랑하는 마음이 있느냐 없느냐에서 극명하게 갈린다.

또한 목회자는 항상 빈 마음으로 가야 한다. 죽고자 하는 마음으로 가야 한다. 주님 앞에 나 자신을 온전히 드리는 마음으로 하루하루를 마쳐야 한다.

교회는 살리는 영, 화목케 하는 영을 갖고 있다. 초대 교회는 공동체 생활 속에서 서로 화목했고 소유를 따지지 않았다. 그런데 오늘 우리는 자꾸만 네 것 내 것을 따지면서 이기주의가 팽배해 있다.

교회는 이기주의에서 벗어나야 한다. 서로가 한 형제임을 인식해 나눠 주고, 화목케 하는 것이 중요하다. 살리는 영으로 달려갈 수 있다면 모든 희생을 감수할 수 있어야 한다.

하나님 앞으로 돌아오라

솔로몬이 손을 들어준 여인은 내 자식이 살 수만 있다면 내 품에 있지 않아도 된다고 여겼다. 이것이 바로 주님의 마음이다. 다른 여자가 아무리 내 자식이라고 속여도 결국 누구 자식인가? 그렇기 때문에 일단 살아 있기만을 원한 것이다.

오늘날 양들을 살려야 한다. 방심해서 마귀에게 빼앗기면 안 된다. 마귀는 환경을 자꾸 건드리고 우리 혼적인 것을 건드린다. 그리고 내 영 속에 침투해 들어온다. 자꾸 혼적인 것이 들어가 모든 것을 사로잡게 만든다. 생각을 사로잡아 심리적으로 압박감을 줌으로써 우리의 영을 공격한다.

예수를 모르는 사람들은 마귀에게 사로잡혀 영적 포로가 되어 있다. 그래서 아무리 말씀을 던져 줘도 이것이 살아 있는 말씀이고, 생명의 말씀이고, 나를 구원해 주는 말씀이라는 것을 깨닫지 못한다. 기독교를 하나의 종교 의식으로만 믿고 있기 때문에 변화를 일으키지 못한다.

우리는 하나님의 형상을 닮은 인간으로 존귀한 자이다. 그런데 악한 마귀가 우리를 사로잡으려 하고 있다. 때문에 우리는 하나님 앞으로 돌아와야 된다. 목자는 하나님 말씀 그대로를 전해서 영을 하나라도 더 많이, 더 빨리 살려내야 된다.

여러분은 어떤 영의 세계로 들어가길 원하는가? 이 땅에서 잠시 잠깐 속이는 영으로 들어가지 말고, 영원히 살려 주는 생명의 영으로 들어가야 된다. 마귀는 우리에게 때로 물질을 주어 속인다. 때로 건강을 주어 속인다. 마귀가 이 땅의 많은 것을 우리에게 줄 수 있을지라도 결코 천국으로 인도해 주지는 않는다. 결국 마지막 순간에 나를 천국으로 데려가느냐? 지옥으로 데려가느냐? 이것이 가장 중요한 부분이다.

솔로몬은 살리는 영으로 진짜 어미를 찾아주는 판결을 내렸다. 우리 예수 그리스도의 마지막 판결은 무엇인가? 천국의 아버지 품에 갈 것이냐? 아니면 악한 마귀의 속임으로 지옥에 떨어질 것이냐? 바로 이것이다. 오늘 너무나 중요한 이것이 우리에게 달려 있음을 알아야 한다.

솔로몬이 지혜가 없었다면 그 아이는 어떻게 되었을까? 우리 모두 솔로몬의 지혜를 받아 이 땅의 많은 영혼을 전도하고 살려 내야 한다. 억울한 누명을 쓰고 고통받고 있는 자들을 건져 주길 바란다. 우리는 영을 바르게 분별하는 지혜를 받아 지상에서나, 하늘에서나 천국을 누리는 삶으로 들어가야 한다.

"그때에 창기 두 여자가 왕에게 와서 그 앞에 서며 한 여자는 말하되 내 주여 나와 이 여자가 한집에서 사는데 내가 그와 함께 집에 있으며 해산하였더니 내가 해산한 지 사흘 만에 이 여자도 해산하고 우리가 함께 있었고 우리 둘 외에는 집에 다른 사람이 없었나이다. 그런데 밤에 저 여자가 그의 아들 위에 누우므로 그의 아들이 죽으니 그가 밤중에 일어나서 이 여종 내가 잠든 사이에 내 아들을 내 곁에서 가져다가 자기의 품에 누이고 자기의 죽은 아들을 내 품에 뉘었나이다.

아침에 내가 내 아들을 젖 먹이려고 일어나 본즉 죽었기로 내가 아침에 자세히 보니 내가 낳은 아들이 아니더이다 하매 다른 여자는 이르되 아니라 산 것은 내 아들이요 죽은 것은 네 아들이라 하고 이 여자는 이르되 아니라 죽은 것이 네 아들이요 산 것이 내 아들이라 하며 왕 앞에서 그와 같이 쟁론하는지라.

왕이 이르되 이 여자는 말하기를 산 것은 내 아들이요 죽은 것은 네 아들이라 하고 저 여자는 말하기를 아니라 죽은 것이 네 아들이요 산 것이 내 아들이라 하는도다 하고 또 이르되 칼을 내게로 가져오라 하니 칼을 왕 앞으로 가져온지라. 왕이 이르되 산 아이를 둘로 나누어 반은 이 여자에게 주고 반은 저 여자에게 주라.

그 산 아들의 어머니 되는 여자가 그 아들을 위하여 마음이 불붙는 것 같아서 왕께 아뢰어 청하건대 내 주여 산 아이를 그에게 주시고 아무쪼록 죽이지 마옵소서 하되 다른 여자는 말하기를 내 것도 되게 말고 네 것도 되게 말고 나누게 하라 하는지라. 왕이 대답하여 이르되 산 아이를 저 여자에게 주고 결코 죽이지 말라 저가 그의 어머니이니라 하매 온 이스라엘이 왕이 심리하여 판결함을 듣고 왕을 두려워하였으니 이는 하나님의 지혜가 그의 속에 있어 판결함을 봄이더라."(열왕기상3:16-28)

가이오 같은 사람

　요한 3서의 저자는 사도 요한으로 직업은 어부였으며 예수님과 이종사촌 간이었다. 예수님의 제자 중에 항상 가까이 데리고 다니며 아끼고 사랑한 세 제자가 있었다. 그들은 바로 베드로와 요한, 야고보였다.

　예수님께서 십자가에 달려 있을 때 "여자여 보소서."하며 요한에게도 말했고, 베드로에게도 말한 사건이 나온다. 예수님이 심문 당하실 때 제자들이 모두 도망갔지만, 요한은 혼자 따라갔다. 우리가 하나님을 믿고 신앙을 가졌다면 예수님을 끝까지 따라가는 것이 너무나 당연하다. 우리가 제자라면 갈보리 언덕에, 십자가에 매달리신 예수님 곁에 가야 한다. 예수님이 공생애 기간에 베푼 기적의 표적만을 바라보고 따라간다면 이는 가짜 제자이다. 진짜 제자는 요한처럼 예수님이 십자가에 못 박히시는 장소까지 따라가는 자이다.

요한이 십자가 밑에까지 따라가자 예수님께서는 요한에게 모친을 부탁하셨다. 요한은 오순절 성령을 받고 나서 사역이 엄청나게 커지고 달라졌다. 그는 요한복음과 요한 1서, 요한 2서, 요한 3서를 썼고, 도미시안 황제 때 밧모 섬에 유배되어 있던 중 하늘로 영이 끌려 올라가 요한계시록을 쓰게 되었다. 그 후 94세에 죽었다.

가이오와 디오드레베

사도 요한은 요한 3서 1장에 가이오와 디오드레베에 대해 썼는데, 이 내용은 그가 자신의 목회 사역을 회고하면서 꼭 남기고 싶은 내용을 적은 것이다.

사도 요한은 교회 안에 두 종류의 사람이 있다고 말한다. 하나는 가이오와 같은 사람이고, 다른 하나는 디오드레베와 같은 사람이다.

가이오는 먼저 모두를 사랑하는 사람이었다. 말씀 안에 거하며 모두를 축복해 주는 사람이었다. 그는 하나님의 사역을 헌신적으로 도왔고, 특히 요한을 앞장서서 도와주었다. 요한은 그런 가이오에게 "네 영혼이 잘됨과 같이 범사가 잘되기를 원한다."고 축복했다.

가이오와 달리 디오드레베는 늘 으뜸 되기를 좋아했다. 또한 형제를 시험에 들게 해서 교회에 정착하지 못하고 나가도록 만들었다.

오늘날 교회에도 디오드레베 같은 사람이 꼭 있다. 가이오와 같은 사람만 있으면 좋을 텐데 그렇지 않다. 목회자가 제일 싫어하는 것이 목사에게는 잘하면서 성도에게는 무례하게 행동하는 성도다. 내 형제를 잘 섬기지 못하는 디오드레베 같은 사람이다. 디오드베레의 세 번째 모습을 보니 "형제들을 접대치 아니하고 접대하고자 하는 자를 금하여 교회에서 내어 쫓는도다."라고 했다. 초대 교회인 그 당시 디오드레베가 요한이 보낸 순회 전도자들을 돕지 않고, 교회 내에서 돕는 자들을 오히려 쫓아냈던 것이다.

섬기고 사랑하고 축복하리라

우리는 가이오 같은 사람이 되어야 한다. 디오드레베처럼 믿음이 좋은 성도들을 교회에서 내쫓으려는 마귀의 계략에 휘말려선 안 된다. 무엇보다 시기와 질투, 이런 부분을 다 없애 버려야 한다. 삯꾼이나 거짓 종은 양이 아프든 말든 신경 쓰지 않는다. 그저 내게 잘해 주면 좋아하고 헌금을 많이 하면 좋아한다. 그러나 교회 안에 있는 모든 양은 하나님의 자식이기에, 참 종이라면 어렵고 힘든 성도를 더 섬겨야 한다. 이것이 바로 가이오 같은 사람이다.

그리고 신앙인은 주 안에서 한 형제이기 때문에 서로 헐뜯으면 안 된다. "형제와 화목하게 하고 제단에 예물을 드리라."는 말씀이 있다. 이는 형제와 싸우고 화목하지 못하면 그가 드린 예물을 하나님이 안 받으신다는 뜻이다. 상달이 안 된다는 것이다. 그러면 결국 하나님과의 교제도 끊어지는 것이다.

교회 안에 미움과 독이 쌓이면 안 된다. 이것은 먼저 나를 망가뜨리고 영적으로 잘못되게 만든다. 그러므로 형제를 자꾸 시험에 들게 하지 말고 새 신자를 사랑으로 잘 대접해야 한다. 먼저 된 자가 사랑하고, 엎드리고, 섬겨야 한다. 이것이 우리 기독교 신앙이다. 교회는 이런 모습일 때 영혼을 살릴 수 있다.

또한 목사는 가난한 자, 불쌍한 자, 어려운 자, 소외당한 자, 힘들어하는 자, 남들이 사귈 수 없는 자에게 먼저 다가가서 섬길 때 참으로 귀하고 성도들의 존경을 받게 된다.

혹시 내 안에 미움과 독이 있다면 가식적으로 숨길 필요가 없다. 내쫓아 버리면 되는 것이다. 속에 숨겨 놓으면 또 나오게 된다. 그러니 숨기지 말아야 한다. 모든 것이 생각을 통해 역사가 일어난다. 그러므로 나쁜 생각은 쫓아 버려야 한다. 긍정적인 생각으로 그 자리를 채워야 한다. "나는 가이오와 같은 사람이 되리라. 으뜸이 되

기보다는 낮은 자가 되어 섬기리라. 사랑하는 사람이 되리라. 축복
해 주는 사람이 되리라.” 이것이 진정 영성 있는 사람이다.

　어디를 가든지 하나님을 으뜸으로 알고 가이오와 같은 사람이
되길 간절히 구하라! 가이오가 엄청나게 큰 복을 받았던 것을 기억
하며 우리도 가이오와 같은 사람이 되길 힘써야 한다.

　“장로인 나는 사랑하는 가이오, 곧 내가 참으로 사랑하는 자에게 편지하노
라. 사랑하는 자여, 네 영혼이 잘됨 같이 네가 범사에 잘되고 강건하기를 내가
간구하노라. 형제들이 와서 네게 있는 진리를 증언하되 네가 진리 안에서 행한
다 하니 내가 심히 기뻐하노라.”(요한3서1-3)

　“내가 두어 자를 교회에 썼으나 그들 중에 으뜸 되기를 좋아하는 디오드레
베가 우리를 맞아들이지 아니하니 그러므로 내가 가면 그 행한 일을 잊지 아니
하리라. 그가 악한 말로 우리를 비방하고도 오히려 부족하여 형제들을 맞아들이
지도 아니하고, 맞아들이고자 하는 자를 금하여 교회에서 내쫓는도다. 사랑하는
자여, 악한 것을 본받지 말고 선한 것을 본받으라. 선을 행하는 자는 하나님께
속하고 악을 행하는 자는 하나님을 뵈옵지 못하였느니라.”(요한3서1:9-11)

❖

거저 받았으니 거저 주어라

예수님이 승천하신 후 오순절 성령의 은혜를 받고 나서도 유대인들은 그 율법에 따라 하루에 세 번씩 성전에 가서 기도를 드렸다. 아침 9시와 낮 12시, 3시에 기도를 하러 갔는데 어느 날 베드로와 요한이 오후 3시에 성전에 기도하러 갔다.

당시 장애를 가진 앉은뱅이나 구걸하는 자들은 유대인들이 기도하러 오는 이 시간에 성전 입구인 미문美門에 앉아 기다렸다. 미문은 성전 바로 동편에 금과 은으로 만들어진 아름다운 문으로, 유대인들이 기도 시간에 이 문을 지나갈 때마다 앉은뱅이나 구걸하는 자들이 손을 내밀어 하루하루를 연명하곤 했다.

초대 교회 때 큰 은혜를 받아 하나님의 일꾼이 된 사도 베드로와 요한이 성전에 기도하러 갔을 때, 미문에는 자리다툼을 일으킬 정도로 거지가 많았다. 이들은 기도하려고 오는 사람들보다 당연히 먼저 와 자리를 잡고 있었다.

성전에 온 유대인들은 하나님을 향해 기도하러 올라가는 사람들이었다. 반면 구걸하러 온 자들은 하나님께 기도하러 온 것이 아니고 그저 한 푼 받아 생계를 유지하려는 것뿐이었다. 이들은 세상에서 소외당한 사람들, 사회에서 실패한 인생들이라 할 수 있었는데 구걸을 해 돈 한 푼이라도 받아야 굶어 죽지 않는다는 생각으로 꽉 차 있었다. 그래서 성전 안에 들어가 기도로 문제를 해결 받을 생각은 않고 그저 성전 미문에서 항상 손만 내밀고 있었다. 무엇을 어떻게 구걸할까 하는 생각밖에 없으니 그 속에 예수가 들어갈 틈이 없었다. 우리는 여기서 중요한 사실 한 가지를 기억해야 한다. 생존 자체를 위협받아 먹고사는 데 급급하면 영생의 문제에 집중할 수 없다는 것을 이들의 모습에서 알 수 있다.

주님의 사랑이 곧 능력이다

베드로와 요한은 성전 미문에서 구걸하는 거지들을 만났다. 여느 때와 같이 미문의 앉은뱅이 하나가 베드로와 요한에게 돈을 구걸했다. 이에 베드로는 "은과 금은 내게 없거니와 내게 있는 이것을 네게 주노니 나사렛 예수 그리스도의 이름으로 일어나 걸으라."고 말했다. 그러자 앉은뱅이의 발목에 힘이 생겨 걷기도 하고 뛰기도 하였다. 우리 기독교는 어떤 기적을 보이거나, 신유의 은사를 과시하기 위한 것이 아니다. 다만 예수 그리스도를 심기 위해, 예수 그리스도를 닮기 위해, 예수 그리스도를 채우기 위해 기적을 베푸는 것이다.

베드로와 요한이 앉은뱅이를 걷게 해 신유를 베푼 것 같지만 결국은 그에게 예수 그리스도를 알린 것이다. 돈 한 푼 달라고 구걸하는 그에게 줄 것이라곤 오직 예수 그리스도밖에 없었던 것이다. 그리하여 "나사렛 예수 그리스도의 이름으로 걸으라."며 그의 오른손을 잡아 일으킨 것이다.

이 앉은뱅이는 그저 육적인 것을 구걸하고 육적인 것을 향해 있었기에, 성전 안에서 하나님을 향해 기도하는 사람들에 대한 궁금증이 없었다. 그러나 예수의 복음을 소유한 베드로와 요한은 육적인 것이 아닌 영생을 얻는 복을 준 것이다. 예수 그리스도의 복음은 사랑이 곧 능력이다. 내 안에 예수 그리스도가 충만하게 있으면 거저 받은 이 복음을 거저 나누는 것이 당연하다. 마태복음 10장 8절에 보면 "너희가 거저 받았으니 거저 주어라."라는 구절이 있다. 그

복에 대해 거저 주라는 것이다. 왜냐하면 그것이 바로 사랑이고 능력이기 때문이다. 베드로와 요한은 예수 그리스도의 사랑으로 가득차 있었기에 이 복음을 거저 나눈 것이다.

내 안에 예수가 있어야

우리는 모든 것을 말씀에 근거해야 한다. 사람들의 말로 판단하고, 오해하고, 정죄하는 범죄 속에 들어가면 안 된다. 오늘 내 육신은 정상이지만 성전에 들어왔다고 해서 구걸하는 인생이 아니라는 법은 없다. 뭔가를 얻기 위해 예수를 믿는다면 그 역시 구걸하는 인생일 뿐이다. 예수 그리스도를 내 안에 완전히 채우고 변화되어 소금과 빛의 역할을 해야 진정 승리하는 인생이다.

거저 받았다는 것은 돈 안 내고 받았다는 뜻이 아니다. 우리 모두가 죄인인데, 이미 죽은 목숨인데 하나님이 가리지 않고 다 거두어 주셨다는 뜻이다. 신분을 보지 않고, 죄를 보지 않고 그냥 거둬주신 것이다. 이 은혜는 거저 받은 것이다.

예수님은 가셨지만 사도들을 통해 예수 그리스도의 이름을 부르면 그 능력이 나타난다. 오늘날에도 여러분의 마음속에 예수님의 사랑이 채워지면 능력이 나타난다. 내 안에 그분의 마음이, 사랑이 꽉 차서 나갈 것은 오로지 예수님밖에 없어야 한다. 주의 종도 마음

속이 예수님으로 꽉 차 있으면 예수님밖에 안 나오고, 육적인 것으로 꽉 차 있으면 육적인 것밖에 안 나온다. 육적인 교인은 육적인 것만 나누어 주어도 좋아하지만 결국 구걸하는 인생일 뿐이다.

이제 우리는 이것을 잘 분별해야 한다. 주님은 복음을 전할 때 지팡이도, 옷도, 신발도 가져가지 말고 그냥 가라고 했다. 옷이 없어도 되고, 돈이 없어도 된다는 것은 결국 다 주신다는 것이다. 넘친다는 것이다. 목회 잘하는 종에게는 주님께서 넘치게 주시겠다는 것이다.

교회가 돈이 목적이 되면 중심을 잃어버린 것이다. 주의 종들이 돈을 염두에 두고 일하면 목회가 아니다. 진정한 목회는 성도들이 변화되어 완전한 믿음으로 달려가도록 이끌어 가는 것이다. 이런 목회에는 말씀밖에 없다. 사람을 의지하면 안 된다. 오직 예수 이름 하나 가지고 복음 전하러 담대히 나아가야 한다.

무엇보다도 내 안에 예수가 있어야 한다. 내 안에 예수가 없고 입에서만 예수가 나오면 능력이 나타나지 않는다. 그분이 내 안에 계실 때 기적이 나타나는 것이다. 그래서 발목의 힘을 잃어버리고, 사회에서 버림받고 소외당한 인생들을 이제는 찾아 나서야 한다. 초대 교회의 성령은 바로 이런 일을 했다. 은과 금은 내게 없어도 내게 있는 것, 나사렛 예수 그리스도를 준 것이다. 이 시대에도 예수 그리스도를 외치면서 신실하게 살아가는 종들이 많아지면 우리에겐 아직 희망이 있다.

양을 살리면 천국, 죽이면 지옥

거저 받은 이 복음을 내 안에 감춰 두지 말길 바란다. 거저 받았으니 거저 줄 수 있는 그 마음은 내 안에 성령의 힘이 있을 때 그렇게 된다. 그러므로 성령의 힘을 받아야 한다. 주위의 죽은 영혼을 살리고 열매 맺는 신앙으로 달려가기를 원한다. 예수 그리스도를 아낌없이 나눌 때 기적이 일어난다. 그리스도의 기적은 예나 지금이나 똑같이 역사하고 있다. 미문의 거지처럼 구걸하는 마음이 아직도 남아 있다면, 그래서 가난의 저주로 가득 차 있다면 오늘부터 다 없애 버리고 오직 예수 그리스도의 이름으로 일어나야 한다.

우리는 강단에 서 있는 저 목사가 진정 영원한 것을 주는 참된 목사인지, 순간적인 것만 주는 거짓 목사인지 잘 구별해야 한다. 구원하고는 상관없는 목사인지 잘 살펴야 한다. 베드로와 요한은 하나님의 엄청난 능력을 받은 사람이었다. 능력을 받은 사람이기 때문에 오직 예수밖에 안 나갔다. 내 감정과 혈기가 안 나가고 예수 그리스도만 증거했다. 목회자의 마음이 이와 같아야 베드로와 요한 같은 복음의 일꾼이 될 수 있다.

주의 종은 목회를 못하면 죽음이다. 잘못 가르치면 지옥이다. 양을 살리면 천국이고, 양을 죽이면 지옥이라는 사실을 명심해야 한다. 내 인간적인 말이 나가고, 감정이 나가는 것 자체가 마귀의 종 노릇을 하고 있는 것이다.

목회자는 성도를 앉은뱅이 신앙으로 만들지 말고, 마음이 굳어 버린 인생으로 만들지 말고, 마음이 상하게 하지 말고, 다 열어 주어야 한다. 성격이든 환경이든 모든 것을 열어 주어야 한다. 그래서 범사가 잘되는 복 가운데로 이끌어야 한다.

결국 나를 죽여야 베드로와 요한과 같이 된다. 교회는 계급이 없는 공동체이다. 결국 말씀만 따라가야 한다. 큰 은혜의 복이, 거저 주는 능력의 복음이 우리의 삶과 가정에 넘치길 바란다.

"제 구 시 기도 시간에 베드로와 요한이 성전에 올라갈새 나면서 못 걷게 된 이를 사람들이 메고 오니 이는 성전에 들어가는 사람들에게 구걸하기 위하여 날마다 미문이라는 성전 문에 두는 자라.

그가 베드로와 요한이 성전에 들어가려 함을 보고 구걸하거늘 베드로가 요한과 더불어 주목하여 이르되 우리를 보라 하니 그가 그들에게서 무엇을 얻을까 하여 바라보거늘 베드로가 이르되 은과 금은 내게 없거니와 내게 있는 이것을 네게 주노니 나사렛 예수 그리스도의 이름으로 일어나 걸으라 하고 오른손을 잡아 일으키니 발과 발목이 곧 힘을 얻고 뛰어 서서 걸으며 그들과 함께 성전으로 들어가면서 걷기도 하고 뛰기도 하며 하나님을 찬송하니 모든 백성이 그 걷는 것과 하나님을 찬송함을 보고 그가 본래 성전 미문에 앉아 구걸하던 사람인 줄 알고 그에게 일어난 일로 인하여 심히 놀랍게 여기며 놀라니라."(사도행전3:1-10)

❧

"오히려 자기를 비워 종의 형체를 가져 사람들과 같이 되었고
사람의 모양으로 나타나셨으매 자기를 낮추시고 죽기까지 복종하셨으니
곧 십자가에 죽으심이라."(빌2:7~8)

part
04
사랑과 섬김

순종하는 기쁨

하나님이 주신 사랑

'당신은 사랑 받기 위해 태어난 사람' 이라는 찬양은 모르는 사람이 없을 정도로 엄청나게 히트를 친 곡이다. 처음 이 곡이 나왔을 때 자신의 존재 가치가 사랑 받기 위함이라는 노랫말에 많은 사람이 감동하였다.

나는 이 세상에 왜 태어났을까? 나는 과연 누구인가? 이런 고민은 인류의 필연적인 숙제로 누구나 한번쯤 생각해 보았을 것이다. 본인 스스로 이 세상에 태어나고자 결정하여 살아가는 사람은 아무도 없다. 이 고민의 정답은 인간을 창조하신 하나님께 있을 뿐이다.

하나님께서 모든 인생들을 선택하고 창조해 부모를 통해서 태어나도록 하신 것이다. 에베소서 1장 4~6절에 "곧 창세 전에 그리스도 안에서 우리를 택하사 우리로 사랑 안에서 그 앞에 거룩하고 흠이 없게 하시려고 그 기쁘신 뜻대로 우리를 예정하사 예수 그리스도로 말미암아 자기의 아들들이 되게 하셨으니 이는 그가 사랑하시는 자 안에서 우리에게 거저 주시는 바 그의 은혜의 영광을 찬송하게 하려는 것이라."라고 기록되어 있다.

하나님께서 우리를 창조하신 목적은 창세 전에 그리스도 안에서 택함을 받아 사랑 안에서 신령한 복을 주시려 함이다. 우리가 이 땅에 태어난 목적은 딱 하나이다! 하나님께 사랑 받고 그분께 영광 드리려고 태어난 것이다!

당신은 사랑 받기 위해 태어난 사람

하나님은 우리가 예수 그리스의 사랑 안에서 거룩하고 흠이 없이 마음껏 누리며 살게 하시려고 우리를 태어나게 하셨다. 하지만 사단은 하나님이 사랑하시는 인간의 창조 목적을 이루지 못하도록 아담과 하와를 유혹해 우리의 거룩성을 흠집 내고 짓밟았다. 사단을 통해 들어온 죄성은 하나님과 인간의 관계를 단절시켰다. 이에 하나님의 독생자 예수 그리스도의 십자가 부활 사건을 통하여 끊어졌던 관계를 회복시키고 잃어버린 거룩성을 되찾게 하셨다.

십자가를 통한 그리스도의 완전한 사랑을 알고 있는가? 악의 속성에 파묻혀 창조의 본질을 잃어버린 우리를 위해 주님이 짊어지신 십자가의 사랑을 느끼고 있는가? 요한복음 3장 16절에 "하나님이 세상을 이처럼 사랑하사 독생자를 주셨으니 이는 그를 믿는 자마다 멸망하지 않고 영생을 얻게 하려 하심이라."는 말씀을 하셨어도 그저 육으로 순간 들을 뿐, 하나님의 뜨거운 사랑의 심장을 영의 깊은 단계 속에서 깨닫지 못한다.

진정 영적인 복을 받은 사람은 그리스도의 사랑을 깨닫고 누리는 사람이다. 그리스도의 사랑을 소유하게 되면 세상의 어떤 것도 비교 대상이 되지 못한다. 하나님이 주신 희락은 세상이 주는 기쁨과 비교할 수가 없다. 아직도 하나님보다 세상에 속한 것들, 육의 것들을 사랑하고 있는가? 내 자신과 내 가족의 행복만을 최고로 여기고 있는가? 그렇다면 당신은 하나님의 진정한 사랑의 깊은 맛을 맛보지 못한 사람이다.

간혹 크리스천 중에도 세상의 삶에서 실패하면 하나님이 자신을 버렸다고 생각하는 자들이 있다. 이는 하나님의 사랑의 속성을 깨닫지 못하는 무지함이다. 하나님은 그 누구도 결단코 버리지 않으신다. 악한 자이든 선한 자이든 버리지 않으신다. 다만 우리가 그리스도의 사랑 안에 들어오지 않아 버림받은 것처럼 느껴질 뿐이다.

온전한 하나님의 사랑을 느끼길 원한다면 주님을 인정하고 그리스도의 품 안으로 더욱 깊이 들어가라! 측량할 수 없는 강력한 그리스도의 사랑이 여러분을 사로잡을 것이다. 그 사랑 가운데 우리가 태어난 창조의 참 목적이 있음을 더욱더 확고히 느낄 것이다.

믿음은 계약이 아니다

그리스도의 진정한 사랑을 깨닫게 되면 우리는 그 사랑과 은혜에 그저 감격할 수밖에 없게 된다. 한낱 피조물에 불과한 인간을 향한 하나님의 우주적 사랑을 받게 되면 감사와 찬양을 올리게 된다. 그 헌신적인, 대가 없는 사랑을 전적으로 붙잡고 믿게 된다. 그 사랑 안에서 영혼이 만족함을 누린다.

그러나 이 사랑을 모르고 종교의 영에 묶여 신앙생활을 하다 보니 힘이 들게 된다. 하나님께서 사랑을 주시려고 세상에 태어나게 하셨으니 우리는 하나님의 사랑을 받는 것을 목표로 해야 한다. 하나님의 사랑을 받으려면 아버지를 기쁘게 하는 방법을 알아야 한다. 주님이 기뻐하는 행동을 해야 하고, 주님이 원하시는 마음 안에 들어가야 한다.

그런데 많은 크리스천들이 하나님을 사랑한다고 고백하면서도 계산하고 계약하려고 한다. "내가 하나님께 이렇게 헌신하고 드렸으니 내 문제를 해결해 주시고 잘되게 해 주세요."라고 기도한다.

이 기도가 나 자신보다 하나님을 더 사랑한다고 볼 수 있는가? 이 얼마나 어리석은 모습인가!

우리는 이미 복을 받은 자이다. 그리스도의 십자가 보혈의 사랑을 받은 귀한 자들이다. 거저 주신 엄청난 복을 받은 자들이 무엇이 부족하여 불평하는가? 그것은 그리스도의 사랑 안에 충만하게 들어가지 못했기 때문이다. 그래서 자꾸 계약을 하려는 것이다. 거저 받은 사랑에 감동하고 또 감격하여 갚을 길 없는 사랑에 우리의 모든 것을 드리고자 하는 기본적인 믿음 안에 들어가야 한다.

하나님의 사랑 울타리

하나님은 항상 사단의 공격으로부터 우리를 보호해 주려고 하신다. 그러나 우리가 마귀의 편에 서 있으면 도와주시지 않는다. 이것은 절대적인 법이다. 대한민국에서 정부의 보호를 받고 살기 위해서는 국가의 법을 지키고 국민의 권리를 다해야만 한다. 이처럼 하나님께도 공의公義가 있다. 하나님의 말씀이 곧 법이다. 말씀을 지키지 않고, 의무를 다하지 않고, 말씀 밖에서 거하는 것은 곧 멸망이며 하나님께서 지켜 주시지 않는다.

마귀는 늘 우리 주변을 맴돈다. 우리에게 쾌락을 주며 타락으로 인도한다. 조금이라도 하나님 말씀의 울타리를 벗어나면 그 순간을 놓치지 않고 우리의 영혼을 채간다. 그런데 마귀의 속임수에 넘어가 말씀의 법을 떠나서 하나님 앞에 돌아오지 않던 우리가 어려운 환경에 처하면 하나님을 원망하기 시작한다. "나를 사랑하신다는 하나님이 어떻게 내게 이러실 수가 있지?" 그러나 우리는 이런 말을 할 자격이 없다. 내 스스로 마귀에게 미혹당하여 하나님이 보호하시는 말씀의 울타리를 넘어갔기 때문이다.

우리가 말씀을 지키고 행할 때 하나님의 사랑의 보호하심 안에 편안히 쉴 수 있다. 지금 내가 세상의 달콤한 것들을 갖다 주는 마귀의 미혹을 받고 있지는 않은지 점검해 보라. 그렇다면 아버지의 사랑의 울타리를 무너뜨리려는 미혹의 영을 완전히 뿌리쳐야 한다.

진정한 사랑은 아낌없이 주는 것

세상의 사랑에는 이유가 있다. 인간의 사랑은 조건이 있다. 지금 이 시대는 내가 받은 만큼만 돌려주는 인과응보적인 사랑이 팽배해 있다. 그러나 주님은 아무런 이유 없이, 조건 없이 우리를 사랑하신다. 그런데 어떻게 우리가 조건을 붙일 수 있을까?

이 세상에서 남녀가 사랑하여 평생의 동반자로 결혼을 한다. 서로 사랑하는 부부는 서로를 위해 재산이나 모든 것을 다 주기도 한다. 하지만 사랑하지도 않으면서 자신의 욕심을 채우려 한다면 이용하는 관계로 변질된다. 내 욕구를 위한 사랑은 결국 채워지지 않아 만족이 없게 된다. 세상의 사랑도 욕구를 채우는 것이 목적이 되면 손가락질을 받는다. 아리스토텔레스는 "사랑이란 사랑 받는 것보다 오히려 사랑하는 것에 있다."라고 말했다. 세상이 말하는 사랑의 정의도 이러할진대 하물며 하나님과 우리의 관계는 더 말해 무엇하랴. 하나님은 이미 따지지 않는 사랑, 다 주어도 아깝지 않은 사랑, 아가페의 사랑을 주셨다. 내가 하나님을 사랑하는 데 목적과 조건이 있어서는 결코 안 된다. 내 욕심과 유익을 위해 하나님을 이용하는 큰 범죄를 저질러서는 안 된다.

주님은 우리에게 아가페의 사랑을 주시려고 그 품 안으로 우리를 초대하신다. 그리스도 안에 들어가면 놀라운 사랑이 우리 안에 부어진다. 그러니 계산적인 사랑은 그만두고 절대적인 사랑 안에 들어가야 한다. 진정한 사랑을 주시는 주님을 아낌없이 사랑하자.

"찬송하리로다 하나님 곧 우리 주 예수 그리스도의 아버지께서 그리스도 안에서 하늘에 속한 모든 신령한 복을 우리에게 주시되 곧 창세 전에 그리스도 안에서 우리를 택하사 우리로 사랑 안에서 그 앞에 거룩하고 흠이 없게 하시려고 그 기쁘신 뜻대로 우리를 예정하사 예수 그리스도로 말미암아 자기의 아들들이 되게 하셨으니 이는 그가 사랑하시는 자 안에서 우리에게 거저 주시는 바 그의 은혜의 영광을 찬송하게 하려는 것이라."(에베소서 1:3-6)

기적은 말씀으로 일어난다

누가복음 7장에는 예수님이 나인 성 과부의 죽은 아들을 살려주신 내용이 나온다. 나인 성은 헬몬 산 기슭 아래에 있는 아주 작은 마을로, 가버나움에서 하룻길 정도를 걸어가야 하는 곳이다. 예수님께서 나인 성 성문에 가까이 가셨을 때, 마침 관을 멘 사람들이 오고 있었다. 그리고 한 여자가 울고 있었다. 예수님이 울고 있는 여인에게 다가가 울지 말라고 하신 후 관을 잡고 명령하시니 관 속의 죽은 자가 벌떡 일어났다.

나인 성의 울고 있던 여인은 과부였고, 죽은 아들의 장례를 치르고 있었다. 남편을 잃은 과부는 자신의 생명보다 더 소중한 아들이 죽었으니 그 슬픔을 무엇에 비하랴. 그 순간 과부의 가장 절실한 소망이 무엇이겠는가? 물질도, 권세도 아닌 아들이었다. 하나뿐인 죽은 아들이 다시 살아나는 것이었다. 주님은 과부의 소원을 아셨기에 관에 손을 내밀어 일어나라고 명하셨다. 그때 죽은 아들이 살아나는 기적이 일어났다.

우리는 황금을 너무 좋아한 어느 임금의 일화를 잘 알고 있다. 황금을 좋아한 임금은 신에게 손을 대는 것마다 모두 황금으로 변하게 해달라고 기도했다. 신은 그 기도에 응답해 주었다. 임금은 손을 대는 것마다 자신이 좋아하는 황금으로 변하자 신이 나 이것저것을 만지며 모두 황금으로 만들었다. 그런데 배가 고픈 임금이 밥그릇에 손을 대자 황금이 되어 버리고, 포도에 손을 대자 역시 황금으로 변해 도저히 먹을 수가 없었다. 게다가 사랑하는 아내와 외동딸도 모두 황금으로 변해 버리고 말았다. 그때서야 임금은 자신의 어리석음을 후회했다. 이렇듯 소중한 것을 모두 잃게 만드는 기적이 과연 소용이 있을까? 주님은 우리를 무너뜨리는 기적이 아닌, 우리가 진정 필요로 하는 기적을 베풀어 주신다.

모든 것을 보고 계시는 주님

'주님은 단 한 분이신데, 이 세상의 많은 사람들 중에 나를 어떻게 기억하실까?' 하고 의문을 갖는 사람도 있다. 그러나 우리 주님은 동서남북에 다 눈이 있어 온 인류를 한 번에 파악하고 계신다. 마태복음 10장 30절의 말씀처럼 우리의 머리털까지도 세는 하나님이시다.

여러분에게 지금 필요한 것이 무엇인가? 주님은 지금 이 순간에도 여러분의 중심을 보고 필요한 것을 채워 주신다. 때로는 우리가 구하지 않았어도 믿음이 없는 자에게 믿음을 주시고, 믿음이 있으나 이 땅의 것이 없는 자에게 물질의 복을 주신다.

주님은 생명의 본질이시다. 생명의 본질이신 주님께서 오늘 나를 지나가실 때 내 중심을 온전히 드리기를 원하신다. 그러면 기적은 나의 것이 된다. 생각만 해도 주님이 다 이루어 주시고, 마음만 먹어도 역사하실 것이다. 다만 우리의 중심이 인간적인 욕심으로 가득 찬 소원이라면 하나님께서 역사하실 수 없다. 주님께 인정받을 중심이라야 항상 주님이 함께해 주시고 승리의 길로 가게 해 주신다.

기적은 믿음으로 완성된다

여러분의 삶이 기적으로 연결되기를 원한다. 나인 성의 과부는 죽은 자를 살리시는 주님을 만남으로 아들이 살아나 행복해졌다. 기적을 행하시는 주님은 지금도 여전히 동일하게 역사하신다. 그 기적은 오직 말씀으로 일어나는 것이다. 말씀 없이 일어나는 기적은 잘못된 것이다.

오늘 이 생명의 말씀이 여러분의 것이 되기를 원한다. 이 내용을 읽으며 "이 사람은 예수님을 만나 죽은 아들이 살아났구나."하며 그저 남의 이야기로만 받아들이면 결코 내 것이 될 수 없다. 주님은 나인 성에만 계시지 않는다. 바로 오늘 나의 주님이시며, 아버지이시며, 구원자이시다. 그러므로 모든 말씀은 주님께서 내게 주신 말씀이라고 생각하며 내 것으로 받아들여야 한다. 말씀을 삶에 적용하고 실천하는 자가 기적의 책인 성경을 내 것으로 만드는 자이다.

신앙생활 속에서 우리는 기적을 원한다. 보편적으로 부부 관계나 자녀 문제, 경제 문제가 잘 해결되거나 병이 낫고 건강해지기를 원한다. 그러나 우리가 하나님의 말씀을 온전히 믿지 않으면 하나님의 존재 자체를 드러내지 않으신다. 결국 기적을 행하지 않으시므로, 기적이 나타날 일이 없다. 믿음 없이는 하나님을 기쁘게 할 수 없고[히11:6] 하나님의 의로운 오른손이 일하도록 그 능력을 끌어

내릴 수 있는 힘이 없는 것이다. 결국 우리의 믿음이 하나님의 능력을 끌어내는 열쇠이다.

오늘 우리는 이 세대 가운데 믿음이 있는 자요, 우리 주님이 죽은 것도 살리신다는 것을 믿는 자라고 인정받아야 한다. 그 길은 바로 믿음이다. 믿고, 감사하며, 낙심하지 않는 것이다. 주님이 나와 함께하신다는 것을 끝까지 믿고 가야 한다.

믿음으로 가는 길이 죽음의 길이라도 내가 믿음으로 가면 열려 버린다. 이것이 기적이다. 믿음이 기적을 가져다준다. 마가복음 9장 23절의 말씀처럼 믿는 자에게는 능치 못할 일이 없다. 끝까지 주님의 말씀을 신뢰하는 것이 기적을 가져다준다. 믿음이 있는 자는 하나님을 찾는 자이다. 하나님께서 믿는 우리를 통해 영광을 받으려고 하시기 때문이다. 혹여 암에 걸렸어도 암을 초월하면 이기게 된다. 주님이 나와 함께하신다는 것을 믿어 버리면 어떤 병도 다 이기게 된다. 내 속에 생기가 없는 자는 이길 수 없지만, 생기가 있는 자는 다 살아난다.

나인 성의 기적을 여러분의 것으로 만들라. 그래서 가장 큰 슬픔을 기쁨으로 바꾸어 버려라. 나인 성의 과부는 주님을 몰랐지만 불쌍히 여김 받아 죽은 아들이 살아났다.

주님을 알고 있는 우리는 이미 말씀을 들었다. 아직 믿음이 연약할지라도 이제는 주님만을 좇아가겠다고 결단해야 한다. 그러면 우

리 주님께서 기뻐하시며 나인 성의 아들을 살려 주신 것처럼 우리
의 삶에도 기적으로 찾아오실 것이다.

"그 후에 예수께서 나인이란 성으로 가실새 제자와 많은 무리가 동행하더니
성문에 가까이 이르실 때에 사람들이 한 죽은 자를 메고 나오니 이는 한 어머니
의 독자요 그의 어머니는 과부라. 그 성의 많은 사람도 그와 함께 나오거늘 주
께서 과부를 보시고 불쌍히 여기사 울지 말라 하시고 가까이 가서 그 관에 손을
대시니 멘 자들이 서는지라. 예수께서 이르시되 청년아 내가 네게 말하노니 일
어나라 하시매 죽었던 자가 일어나 앉고 말도 하거늘 예수께서 그를 어머니에
게 주시니 모든 사람이 두려워하며 하나님께 영광을 돌려 이르되 큰 선지자가
우리 가운데 일어나셨다 하고 또 하나님께서 자기 백성을 돌보셨다 하더라. 예
수께 대한 이 소문이 온 유대와 사방에 두루 퍼지니라."(누가복음7:11-17)

❧❦❧

혈루증 여인의 믿음

마태복음의 혈루증 앓는 여인은 수많은 설교에 예화로 자주 등장하곤 한다. 이 여인은 12년 동안 혈루증을 앓고 있었다. 구약시대에는 피를 흘리는 혈루증을 부정한 병으로 여겨 제사장 앞에 나아갈 수 없었다. 그래서 여인은 긴 세월 동안 끔찍한 육신의 고통 속에서 노예처럼 살아야 했다.

그런데 이 여인이 예수님의 소문을 듣고는 예수의 뒤에서 그의 옷깃에 손을 댐으로써 즉시 병이 낫게 되었다. 그녀는 예수님에 대한 어떤 소문을 듣고, 관찰하고, 믿었기에 "겉옷만 만져도 고침을 받는다.”는 담대한 믿음을 갖게 됐을까?

예수님은 불쌍한 고아와 과부를 위해서, 가난하고 소외된 자를 위해서, 병든 자를 위해서 이 땅에 오셨다. 많은 사람들이 예수님 앞에 가면 육신의 병을 고침 받고 영적인 구원을 얻는다는 소문을 들었다. 어떤 이는 예수님이 직접 안수해 줘야 고침을 받는다는 믿음이 있었다. 그러나 혈루증 여인은 주님 앞에 가서 그 겉옷만 만져도 고침을 받는다는 믿음이 있었다. 이 생각의 차이는 엄청난 결과를 낳았다. 혈루증 여인은 부정한 병에 걸려 있었기에, 예수님 앞에 나아갈 수 없었기에, 예수님 뒤로 몰래 다가갔다. “열두 해를 혈루증으로 앓는 여자가 예수의 뒤로 와서 그 겉옷 가를 만지니 이는 제 마음에 그 겉옷만 만져도 구원을 받겠다 함이라.” 예수님의 뒤로 가서 그 겉옷을 살짝 만지기만 해도 내 병이 고침 받겠다는 믿음, 이 겨자씨만 한 믿음 하나가 12년 동안 질병의 노예로 살고 있던 여인을 완전히 해방시켰다. 예수님을 완전히 확신해 버리는 이 여인의 생각과 행동에서 기적이 이루어진 것이다.

여러분은 지금 예수님을 어떻게 알고 있는가? 어떤 생각과 판단의 기준을 두고 주님을 믿고 있는가? 혈루증 여인처럼 기적이 일어나려면 주님을 말씀 그대로 완전하게 믿어야 한다.

거룩한 생명의 씨

예수님은 이 땅에 육신의 옷을 입고서 인성과 신성으로 오셨는데, 그분의 인성은 참으로 흠이 없고 미덕과 온전한 행실을 보여 주셨다. 그러면 이 미덕은 어디에서 나왔을까? 그것은 예수님의 신성에서 나온 것이었다.

주님께서는 이 땅에 많은 교회를 세우시고, 교회 안에서 말씀을 먹는 백성들이 세상에 나가서도 주님의 인성과 신성의 모습을 그대로 나타내길 원하셨다. 주님은 제자들을 삼 년 반 동안 데리고 다니며 그분의 인성과 신성을 배우게 했다. 부활 후 하늘로 오르시면서 제자들에게 "내가 너희에게 분부한 모든 것을 가르쳐 지키게 하라."고 하셨고, "너희들은 나보다 더 큰 일을 행할 것이라."고 말씀하셨다.

예수님의 인성은 결국 빛의 생활을 하는 것이다. 이 빛의 생활은 어두움과 썩어짐 가운데 있는 백성들에게 아름답고 밝은 빛을 보내 환히 비추어 주는 것이다. 어둠의 마귀에게 묶여 노예가 되어 있는 이 땅의 백성들에게 빛을 밝혀 길을 안내하라고 인성과 신성의 그 놀라운 빛을 우리에게 선물로 주신 것이다.

하나님의 자녀인 우리는 예수님과 똑같이 인성과 신성이 결합되어 있다. 우리의 인성 속에도 거룩한 생명의 씨, 신성한 생명의 씨가 영으로 존재하고 있다. 그런데 이 영이 하나님 앞에 바로 세워져 있어야만 우리의 인성이 거룩해진다. 성령이신 하나님의 영을 모셔 들이고 신뢰해야만 우리 인성이 거룩해져 이 세상에서 깨끗하고 바른 행실을 보여주게 된다.

영의 능력으로 어둠이 걷히게 하라

주님은 우리 안에 주신 생명의 빛이 밖으로 나가길 원하신다. 세상 밖으로 나가 육체의 질병과 마음의 고통으로 신음하는 자들을 고치고 해방시켜 주님 앞으로 나아오게 하길 원하신다.

그러나 마귀는 자꾸만 우리를 어둠 속으로, 악한 행실로 가게 한다. 내가 바르게 살려고 노력해도 마귀가 모함을 해서 나쁜 길로 빠지게 한다. 어떻게 해서든 이것을 막아야 한다.

진정한 능력은 우리 행실에서 나온다. 우리의 빛 된 생활에서 나온다. 많은 성도들이 교회에 나와 "목사님, 안수해 주세요. 기도해 주세요."하고 말한다. 그러나 안수가 중요한 것이 아니다. 우리가 주님을 발견해 더 확실한 믿음에 서는 것이 중요하다.

은사가 영성이 아니다. 예언하는 것이 영성이 아니다. 내 행실이 먼저 변화되어 예수님의 삶, 그 좁은 문, 좁은 길로 들어가는 자가 영성이 있는 자이다. 감사하는 마음으로 고난의 길을 걸으며 이 땅에 빛과 소금의 역할을 감당하는 자가 영성이 있는 자이다. 먼저 그

릇을 만들어 아버지 앞에 나아가는 자, 주님께 받은 빛으로 남을 비
추며 사역하는 자가 영성 있는 자이다. 이제는 주님 앞으로 나아와
옳은 행실 속에 인성과 영성이 바로 서는 여러분이 되길 원한다.

"열두 해 동안이나 혈루증으로 앓는 여자가 예수의 뒤로 와서 그 겉옷 가를
만지니 이는 제 마음에 그 겉옷만 만져도 구원을 받겠다 함이라. 예수께서 돌이
켜 그를 보시며 이르시되 딸아 안심하라 네 믿음이 너를 구원하였다 하시니 여
자가 그 즉시 구원을 받으니라."(마태복음9:20-22)

골고다의 소리, 승리의 소리

예수님이 못 박히신 골고다 언덕에 대해 묵상하면서 '골고다의 소리'를 생각해 본다. '골고다'는 '해골'이란 뜻의 히브리어다.

당시 약 1,000명의 군사와 500마리의 말과 수십 만의 군중이 골고다로 모여들었다. 때마침 유월절이라 모든 백성이 예루살렘에 모이는 기간이었다. 사람들의 함성 소리와 저주하는 소리, 군인들이 외치는 소리, 말발굽 소리 등이 어마어마했을 것이다. 예수님은 엄청나게 크고 요란한 그 소리를 다 들으시고 혼자 감당하며 우리 죄를 위해 십자가를 지셨다.

골고다 언덕에 모여든 백성들이 일제히 한목소리로 "예수를 십자가에 못 박아라!"하고 외쳐댔을 때, 예수님이 얼마나 힘들고 무서우셨을지 상상해 본 적 있는가? 로마법에 의해 사형당한 예수님의 모습을 생각할 때, 예수님은 하나님의 아들이니 그런 고통쯤은 거뜬히 감당하실 수 있겠지 하고 쉽게 생각할 수 있다. 하나님의 아들이니까, 신이니까, 구세주이니까 이런 일을 할 수 있을 거라고 생각할 수 있다. 그런데 분명한 것은 예수님이 우리와 똑같은 인성을 갖고 계셨다는 사실이다. 우리와 똑같이 육체의 아픔을 느끼셨다. 창피하고, 부끄럽고, 곤욕스런 감정도 똑같이 느끼셨다. 하나님은 우리와 똑같은 모습의 독생자 예수 그리스도가 엄청난 고통 속에서 험난한 십자가의 길을 밟게 하셨다. 이 길을 밟지 않으면 절대로 우리 원죄와 자범죄를 질 수 없기 때문이다.

우리와 마찬가지로 인성을 갖고 계셨던 예수님이 이 엄청난 고통을 감당할 수 있는 힘을 어디에서 얻었을까? 주님은 감람산에서 기도하며 이 고통의 잔을 옮겨 달라고 했다. 그러나 자신의 인성을 이기며 아버지의 뜻대로 되기를 구했을 때 하늘의 사자가 와서 이 기도를 도왔다. 이 기도의 힘은 어떤 것이었을까? 하나님의 뜻을 성취하기 위한 힘이었다.

핍박당할 때 복이 있나니

예수님은 그처럼 엄청난 고난의 길을 가셨는데, 오늘 여러분은 어떠한 길을 가고 있는가 묻고 싶다. 어떤 소리에 귀 기울이고 있는가 묻고 싶다. 예수님은 그 요란한 골고다의 소리를 들으면서도 다 이기셨는데, 여러분은 신앙생활 하면서 핍박의 소리, 모욕의 소리, 조롱의 소리를 꿋꿋이 견디고 있는가? 혹시 명예를 위한 소리, 물질을 모을 수 있는 소리에 귀 기울이고 있지 않는가?

때로 형제들이나 이웃들로부터 이런 이야기를 들은 적이 있을 것이다.

"너는 예수 믿으면서 왜 그 꼴로 사니? 기도 생활 하면서 왜 그렇게밖에 못 살아? 구질구질하게."

이런 핍박과 조롱의 소리를 들으면서 예수 믿는 것을 혹시라도 후회한 적이 있는가? 그런 소리를 들었을 때 부디 "할렐루야!"하고 영광 돌리면서 감사하길 바란다. 왜냐하면 마태복음 5장 11~12절에 "나로 말미암아 너희를 욕하고 박해하고 거짓으로 너희를 거슬러 모든 악한 말을 할 때에는 너희에게 복이 있나니 기뻐하고 즐거워하라 하늘에서 너희의 상이 큼이라 너희 전에 있던 선지자들도 이같이 박해하였느니라."라고 말씀하시기 때문이다.

주님의 영광이 드러날 때까지 인내해야

우리는 죄가 있지만, 예수님은 죄가 없으시다. 너무도 깨끗해 그런 모욕을 당할 필요가 전혀 없는 분이신데, 아담과 하와가 범죄한 것 때문에 고통을 당하신 것이다. 하나님은 절대로 편법을 써서 우리를 구원하시지 않는다. 하나님은 그분의 법대로 우리를 구원하신다.

아담과 하와가 선악과를 먹은 죄를 씻으려면 피를 흘려야 했다. 그래서 하나님은 어린 양을 잡아 가죽옷을 해 입혀서 아담과 하와를 에덴동산에서 내쫓았다. 그 가죽옷은 앞으로 구원을 약속하는 언약의 옷으로, 사랑하는 어린 양은 바로 예수 그리스도이다. 예수님이 이 땅에 오셔서 어린 양이 되어 십자가에 못 박히심으로 피 흘려야만 우리가 구원받을 수 있었다. 이에 하나님은 독생자 아들 예수가 육신의 옷을 입고 이 땅에 태어나게 해서 하나님의 법 그대로 십자가를 지게 하셨다. 하나님의 뜻을 성취하기 위해 예수님이 골고다의 엄청난 소리를 들으면서도 모든 것을 참은 것처럼, 오늘 우리도 주님의 영광이 나타날 때까지 참아야 된다.

불의한 재판에 예수님을 넘겨준 자가 누구인가? 빌라도와 가룟 유다이다. 이들은 다 스스로 목숨을 끊었다. 왜일까? 예수님이 죄인이 아니라 하나님의 아들이요, 구원자요, 선한 자인 것을 그들의 양심이 알고 있었기 때문이다. 예수님을 파는 자, 예수님을 정죄하는 자는 절대로 좋은 결말을 맺지 못한다. 혹시 우리가 세상의 핍박에 인내하지 못하고 예수님을 팔아 버리는 자가 되진 않았는지 생각해 보라.

때로는 우리가 하나님 말씀대로 살지 못해서 복을 받지 못할 때가 있다. 말씀대로가 아닌 인간적인 생각으로 살아서 어려움을 당할 때가 있다. 땅바닥에 밟힐 때도 있고, 핍박받을 때도 있다. 그러나 때로는 하나님께서 나를 변화시켜 쓰시기 위해, 나의 그릇을 만들기 위해 용광로 속에 연단을 하실 때가 있다. 이 모든 과정은 이유가 있고, 방법이 있다. 내가 지금 하나님 말씀에 불순종해서 어려움을 겪고 있는지, 아니면 하나님 앞에 쓰임 받기 위해 내 그릇 만들기의 훈련 과정을 거치고 있는지 빨리 깨달아야 된다. 온전히 깨달아 주님의 영광이 드러날 때까지 인내하고 불순종의 자리에서 빨리 빠져나와 복 있는 자의 자리에 있어야 한다.

승리의 함성에 귀 기울여라

우리는 오늘 어떤 소리에 귀 기울여야 할까? "예수님을 십자가에 못 박아라! 예수님을 죽여라!" 이 소리와 절대로 하나가 되지 말아야 한다. 세상이 유혹하는 소리, 자신이 높아지는 명예의 소리, 마귀의 소리에 귀 기울이지 말아야 한다. 죄인의 소리에 머물러 있으면 안 된다.

이제 우리는 골고다 언덕의 십자가에 못 박히면서 외치시던 예수님의 소리를 들어야 한다. 그것이 어떤 소리였을까? 저들의 죄를 용서해 달라는 소리요, 저들을 살려 달라는 소리요, 끝까지 하나님을 찾는 소리였다. 이런 승리의 소리를 들으며 믿음으로 나아가야 한다. 그럴 때 우리에게 주어지는 축복이 배가된다.

예수님은 골고다의 저주 소리를 견디며 우리를 위해 십자가를 지고 승리하셨다. 저주의 소리, 부정적인 소리에 자꾸만 귀 기울여 넘어지면 안 된다. 이제 하나님의 자녀는 긍정적인 소리에 귀 기울여 승리하면서 나아가야 된다.

너를 통해 예수의 소리를 내라

이 시대에는 골고다의 소리가 너무 많다. 여기저기서 골고다의 소리가, 저주의 소리가, "예수를 십자가에 못 박아라!" 하는 소리가, 교회를 죽이려는 소리가 들려오고 있다.

예수님은 그토록 험난한 길을 밟으면서도 묵묵히 인내하고, 이기고, 감사하면서 십자가의 길을 걸으셨다. 그런데 오늘날 신앙생활을 하면서도 믿음이 없는 자들에게 행동으로 예수님의 빛을 비추지 못하는 이들이 있다. 도리어 잘못된 행동으로 예수님의 영광을 가리는 이들이 있다. 그래서 우리 예수님이 또다시 십자가에 못 박히고 계신다.

물질 만능주의에 빠지고, 사치와 낭비에 빠지고, 명예와 권력에 빠지고, 음욕에 빠져 허우적대는 소리가 들려올 때, 예수님을 십자가에 못 박는 망치 소리가 들려올 때, 신앙인답게 바른 길을 선택해야 한다. 어디를 가든지 절대로 하나님을 떠나서는 안 된다. 인간적인 방법으로 살지 말고 하나님의 방법으로 살아야 한다. 우리가 이 땅의 육신의 장막을 벗으면 어디로 갈까? 천국 아니면 지옥이다. 선택은 여러분 자신에게 달렸다. 우리가 말씀을 버리고 살면 마귀들은 웃으면서 기쁨의 함성을 지른다. 마귀가 억울해서 우는 소리가 들려와야지 마귀가 좋아하는 조소의 소리가 들려오면 안 된다.

하나님의 법대로만 살아간다면 우리는 세상에서도 칭찬을 받게 된다. 그렇게 해서 영혼 구원이 된다. 영혼 구원이 무엇일까? 나 한 사람이 세상에 나가 말씀대로 살아서 예수님의 사랑을 그대로 보여 주는 것이다. 우리 자신의 소리가 아닌 하나님의 소리, 예수님의 소리를 내야 한다. 우리를 통해 예수님의 모습이 나오면 다 평안을 찾아 좇아오게 된다. 복음의 소리를 내는 여러분을 보고 많은 이들이 교회로 몰려들어 온다.

골고다에 예수님을 못 박는 망치 소리가 아닌, 많은 백성을 살려내는 구원의 소리가 여기저기서 들려와야 된다. 이제는 안식의 소리가 들려와야 된다. 십자가에 못 박는 소리가 엄청 크게 울려 퍼졌지만, 결국은 예수님이 십자가에 못 박혀 죽으신 뒤 부활의 소리, 생명의 소리가 전 세계 모든 민족에게 구원의 소리로 들려왔다.

우리는 골고다의 소리가 더 커지는 것을 막아야 할 의무도 있다. 우리가 예수님의 증인이 되어 자제시켜야 한다. 입술로도 증거하지만 여러분의 삶에서 행동으로 본을 보이면서 증거해야 한다. 여러분의 환경과 삶 속에서 축복의 소리, 기적의 소리가 들려지기를 원한다.

특히 우리는 주님의 소리를 분별할 수 있어야 한다. 이제 골고다의 소리는 거부하고, 승리의 함성을 들어야 한다. 승리하신 주님이 우리 안에 계시기에 우리의 삶은 완전히 바뀌었다.

그동안 여러분이 핍박받으며 모함의 소리를 들었다면 이제는 끝났다. 지금껏 핍박의 소리를 낸 자들은 기울어질 것이고, 이제 여러분이 장성하여 일어날 것이다. 하나님이 그렇게 하시는 것이다. 이를 확신하면서 믿음으로 받고, 받았음을 선포하길 바란다. 온 세상에 예수님의 사랑의 소리가 퍼져 많은 백성들이 주님을 영접하러 몰려올 그날을 기대하며 우리 주님이 다시 오실 때까지 이 선한 경주를 늦추지 않고 전진할 것을 권면한다.

"지나가는 자들은 자기 머리를 흔들며 예수를 모욕하여 이르되 성전을 헐고 사흘에 짓는 자여 네가 만일 하나님의 아들이어든 자기를 구원하고 십자가에서 내려오라 하며 그와 같이 대제사장들도 서기관들과 장로들과 함께 희롱하여 이르되 그가 남은 구원하였으되 자기는 구원할 수 없도다 그가 이스라엘의 왕이로다 지금 십자가에서 내려올지어다 그리하면 우리가 믿겠노라 그가 하나님을 신뢰하니 하나님이 원하시면 이제 그를 구원하실지라 그의 말이 나는 하나님의 아들이라 하였도다 하며 함께 십자가에 못 박힌 강도들도 이와 같이 욕하더라."

(마태복음27:39-44)

아멘의 순종과 축복

기독교인이 가장 많이 쓰는 단어가 '아멘'일 것이다. 아멘은 순종을 의미한다. 아멘은 우리 영혼이 잘되고, 생명을 얻고, 주님을 신뢰하는 데 있어 반드시 필요하며, 신비한 비밀이 감춰져 있다.

성경 최초로 아멘, 즉 순종을 잘한 사람이 누구일까? 그것은 바로 아브라함이다. 아브라함의 아멘이 무엇인가? 하나님의 말씀을 무조건 믿고 따라가는 축복이었다. 이 땅에서 축복받는 자의 비결은 하나님의 말씀이 안 믿어져도 무조건 아멘하고, 즉 순종하고 따라가는 자이다.

하나님께서는 아브라함에게 담대하고 큰 믿음을 가질 것을 요구하셨다. 아브라함을 믿음의 조상으로 만들기 위함이었다. 아브라함 한 사람을 통해서 천국의 아들, 믿음의 아들이 많이 나오기를 원하셨다. 하늘의 별과 같이, 땅의 모래와 같이 자손들이 번창하기를 원하셨다.

하나님은 아브라함에게 많은 언약을 주셨다. 그러나 그 언약의 축복은 쉽게 얻을 수 있는 것이 아니었다. 정든 고향을 떠나야 했고, 하나님의 약속으로 얻은 아들 이삭을 순종함으로 바쳐야 했다. 어느 것 하나 아브라함에게 쉬운 일이 아니었다. 하지만 하나님의 축복의 언약을 믿고 어떤 명령에도 절대적으로 순종하였다. 모든 일에 '아멘' 하였다. 또한 단 한 번도 이유를 묻지 않았다. 온전한 아멘의 순종은 결국 아브라함을 온전한 축복으로 인도했다.

모두 순종할지니라

신명기에 이런 말씀이 있다. "너희들이 율법으로 사는 것이 축복이 아니라, 율법으로 쓰인 모든 말, 즉 성경의 율법과 복음을 실행치 않을 때는 저주를 받는다.", "모든 백성이 아멘을 할지니라." 이는 성경 66권에 나타난 하나님 말씀을 그대로 실천하라는 것이다.

여러분은 주님을 사랑하는가? 주님을 사랑해서 기쁨이 넘치는가? 그러나 여기서 우리가 착각하는 병에 빠지면 안 된다. 하나님은 오늘 우리에게 요구하시는 것이 있다. 하나님의 말씀은 변함없이 약속한 그대로 이루어진다. 하나님 말씀은 예수님 그 자체가 아멘이다. 그러므로 우리가 어떤 말씀이라도 무조건 '아멘' 해야 된다. 무조건 따라오라는 것이다. 왜냐하면 주님이 길이요, 진리요, 생명이기 때문이다.

그런데도 우리는 나를 축복해 주시고, 기쁨을 주시고, 유익을 주시는 그 주님만 좇으면서 '아멘'을 한다. 이들이 바로 유대인이었다. 지금 우리 주변에도 그렇게 착각하는 자들이 있다. 주님께서 이렇게 좋은 것을 주시기 때문에 내가 믿음으로 나아간다고 착각하고 있다.

요한계시록에 "나는 아멘이다. 나는 충성되고 참된 증인이다. 그래서 나는 창조의 근본이다."라고 라오디게아 교회를 향해 말씀하신 것이 나온다. 라오디게아 교회는 다 잘했는데 아멘을 하지 못했다. 순종을 하지 못했다. 충성도 없고, 참된 증인도 되지 못했고, 허탄한 것을 좇았다. 우리 주님은 아멘을 원하고 계신다. 예수님도 십자가에 죽기까지 아멘을 하셨다. 우리도 죽기까지 아멘을 해야 한다. 생명을 바칠 각오를 하고 아멘을 해야 한다.

아멘은 예수님의 인격을 닮는 것

아멘 그 자체가 예수님의 인격이다. 아멘을 하는 것은 예수님의 인격을 닮는 것이다. 인간의 이성으로 말씀이 이해되어지는 것만 아멘하고, 조금이라도 인간의 한계를 벗어나 이해되어지지 않는 것에는 절대 아멘하지 못하는 이들이 성도 중에도 얼마나 많은지 모른다.

오늘날 설교자들이 "내 말을 듣지 않으면 하나님께서 매를 때리신다. 불순종하지 말고 순종하라."고 한다. 그러면 성도들이 목사에게 "자기가 하나님인가?"라고 말한다. 목사는 하나님의 대언자이다. 그러므로 목회자의 말은 곧 하나님의 말씀이다. 단, 하나님 앞에 바르게 세워진 주의 종의 경우에 한해서이다. 참된 종의 입에서 나오는 것은 곧 하나님의 말씀이다.

오늘날 교회의 성도들이 주의 종을 판단하고 모함하는 이유가 무엇일까? 바로 불순종의 영 때문이다. "너희들이 제발 나를 믿어라." 주님은 이것을 원하신다. 주님을 믿고 제대로 한번 따라가 보면 너희에게 어떤 열매가 주어지는지, 너희의 삶이 어떻게 변화되는지, 살아 계신 하나님을 사실적으로 경험해 보라는 것이다.

우리의 생각으로 이해되지 않는 상황에서도 하나님의 말씀이라면 "아멘!"해야 한다. "나는 날마다 아멘이다." 이 말은 충성되며,

창조의 근본이시며, 참된 증인이라는 것이다. 그처럼 우리도 충성되고 참된 증인이 되어야 한다. 창조의 근본이신 그분을 좇아가야 한다. 내 생각, 내 고집으로 따라가면 안 된다. 무조건 주님을 믿고 아멘하며 따라가야 한다. 온전한 아멘은 하나님께서 영광 받으신다. 우리가 이 땅에서 하나님께 드릴 수 있는 최대의 영광이 바로 아멘이다.

그냥 입술로 하는 형식적인 아멘이어선 안 된다. "하나님의 말씀이 맞습니다. 그 말씀이 성취되기를 원합니다. 하나님의 말씀을 믿겠습니다." 이 고백을 믿음으로 심을 때 아멘의 기적이 일어난다.

구원의 믿음은 율법으로가 아니다. 행위로가 아니다. 아브라함이 행위로써 의롭다 함을 받지 않았다. 그가 인격이 좋고, 행위가 좋아서 믿음이 좋은 것이 아니었다. 하나님의 말씀에 무조건 순종함으로써 의롭다 함을 받았다. 가라고 하면 가고, 서라고 하면 서고, 하라고 하면 행하고, 믿음으로 무조건 순종했다는 것이다. 아버지는 절대로 우리를 사망의 길로 인도하지 않는다. 생명의 길이신 그리스도 안에서 "예"가 된다는 것을 믿어야 한다.

우리가 순종하여 전진하는 길에서 때로 핍박과 조롱, 어려움에 맞닥뜨릴 수 있다. 그러나 여러분이 끝까지 옳은 의를 가지고, 선한 마음을 가지고 나아간다면 결국엔 하나님께서 축복하신다. 감당하기 버겁더라도 무조건 아멘을 하고 좇아가면 거기에 감춰진 비밀이

있고, 나의 생명의 생수가 들어 있으며, 천국으로 인도하는 아멘이
신 예수님이 계신다. 이것을 우리 믿는 자들이 깨닫고 달려가야 한
다. 세상에서 남부러울 것 없는 지위에 있지만 교회에 와서는 낮은
심부름꾼이 되는 장로님과 집사님과 권사님이 있다. 이것이 교회의
천국이다.

왜 기도할 때 아브라함의 하나님이라고 축복의 기도를 할까? 아
브라함이 믿음의 조상이요, 끝까지 하나님 앞에 옳은 의를 가지고
갔던 조상이기 때문이다. 우리는 그 아브라함을 좇아가야 한다.

우리들도 성경에 나오는 인물 중에 아멘을 잘해서 복 받은 사람
을 생각하면서 아멘을 한다. 이 아멘의 축복이 여러분의 것이 되기
를 원한다. 긍정적인 것이 아멘이다. "아니오"는 불순종의 아들이
다. 우리는 하나님의 권위 앞에 복종해야 한다. 성도는 하나님의 대
언자인 참된 목회자의 말에 복종해야 한다. 단, 하나님 앞에 바르게
세워진 주의 종의 경우에 한해서이다. 그렇게 할 때 아름다운 교회
가 되는 것이다. 이는 아멘의 기적이다.

자기의 생각에 맞으면 '아멘' 하고, 자기의 생각과 다르면 '노
멘' 하는 사람은 불순종의 영이 있는 사람이다. 불순종의 아들은 하
나님을 대적했던 천사장이었다. 우리가 예수님을 알기 전에는 이
땅에서 불순종의 영의 아들을 따라 살았다. 이방인들은 세상의 지
식밖에 모르기 때문에 불순종의 아들이 역사하는 줄을 모르고 따라

갔다. 그러나 이제 생명을 아는 우리는 생명을 좇아가야 한다. 순종의 아들, 예수 그리스도를 좇아가야 한다.

여러분의 삶에 충만한 은혜가 임하기 위해서는 아멘의 축복이 있어야 한다. 성경 최초 아멘의 사람인 아브라함을 본받아서 아멘으로, 믿음으로, 순종으로, 감사로 하나님을 좇아가길 바란다. 그래서 여러분 앞에 어떠한 장애물이 있다 해도, 결국은 하나님이 주시는 영광과 임재 속에 거하고, 언약의 말씀을 성취하는 예수님의 인격을 소유한 그리스도인이 되길 원한다.

"하나님의 약속은 얼마든지 그리스도 안에서 예가 되니 그런즉 그로 말미암아 우리가 아멘하여 하나님께 영광을 돌리게 되느니라."(고린도후서1:20)

❈

그리스도의 향기가 되어

하나님은 당신의 형상대로 창조하신 인간이 그리스도의 온전한 사랑으로 묶여서 하나 되길 원하신다. 그래서 예수의 마음을 품으라고 빌립보서 2장에서 가르치신다.

사도 바울은 빌립보 교회를 깊이 사랑했다. 자신의 기쁨이요, 사랑이요, 면류관처럼 여기는 교회였다. 그런데 이 빌립보 교회는 외부를 향해 뭔가 대항할 일이 생겼을 때는 잘 이겼으나, 교회 안에서 일어나는 일들은 분별하여 지혜롭게 대처하지 못했다. 바울은 빌립보 교회에 편지를 써 그들이 밖의 적은 다 이기지만 내부의 적은 이기지 못한 이유를 지적해 주었다. 그 내용을 요약하면 예수님이 보여 주신 겸손을 실천하지 않고, 사랑으로 하나 되지 못했기 때문이라는 것이다. 바울은 그리스도의 마음을 품으라고 가르치는데, 이는 한마디로 겸손한 마음을 가지라는 뜻이다.

교회 안에서 이 겸손은 너무나도 중요하다. 지금까지 하나님의 말씀을 받았다면 이제는 나의 육적인 생각, 정욕의 생각, 교만의 생각을 다 버리고 진정 겸손해져야 한다. 예수님도 분명히 마태복음 11장 29절에 "나는 마음이 온유하고 겸손하니 나의 멍에를 메고 내게 배우라 그리하면 너희 마음이 쉼을 얻으리니."라고 말씀하셨다. 우리가 겸손해지려면 예수님의 마음을 본받아야 한다. 잠언에 보면 "겸손은 존귀의 앞잡이니라", "겸손과 여호와를 경외함이 재물과 영광과 생명"이라고 했다.

오늘날 우리는 예수님이 가르치신 겸손의 의미를 잘 모르고 있다. 그래서 외적인 것은 잘 싸우면서 내적인 부분에서는 잘 싸우지 못한다. 우리가 세상에 나가 그리스도인으로서 직분을 앞세우지만, 실상 행위적인 부분에 있어서는 경건의 모양만 있지 진정으로 섬기려는 정성이 없다는 것이다.

나를 비우고 주님을 채우라

주님은 겸손한 자에게 영광과 생명을 주신다. 겸손은 반드시 우리가 실천해야 하는 것이다. 하나님을 믿지 않고 세상 속에서 살아가는 사람들은 권력과 재물을 얻으려고 싸우지만 우리 그리스도인들은 아니다. 우리는 예수님이 가르치고 보여 주신 겸손을 본받아 하나님의 삶 가운데 들어가야 한다. 그러기 위해선 먼저 나 자신을 비워야 한다. 나를 비우지 못하면 교회 내에 시기와 탐욕, 다툼이 생긴다. 그러므로 하나님 말씀에 순종하고, 오직 의롭게 살려고 애써야 한다.

오늘 우리는 바울이 권면한 것처럼 예수님의 겸손을 본받아 예수님의 향기를 발해야 한다. 예수님의 향기가 무엇인가? 자기 자신을 비워 종의 형체로 이 땅에 오셔서 죽기까지 복종하고, 충성하고, 하나님의 영광을 위해 십자가에 달리신 것이야말로 진정한 겸손에서 나온 예수님의 향기이다. 우리는 다른 이들로부터 "저 사람은 정말 예수 냄새가 나는 사람"이라는 말을 들어야 한다. 저 사람은 정말 정직하고, 거룩하고, 깨끗한 사람이라고 세상 사람들이 인정해 주어야 한다.

우리가 예수님의 이름으로 봉사하고 교회 내에서 열심히 일하는 것은 너무나 좋다. 그러나 교회 내에서 일하는 것도 중요하지만 밖으로 나가 진정한 사랑의 봉사를 펼치는 것 또한 중요하다. 희생적인 봉사, 섬김의 봉사를 해야 한다. 그러지 않고선 구원받는 성도의 수가 날마다 늘어날 수 없다.

때로는 손해가 나고 억울해도, 예수님 때문에 나 자신을 포기하고 그분의 사랑을 보여 드려야 한다. 우리가 삶에서 겸손을 보이면 다른 사람들이 이 행동을 보고 따라온다. 우리의 모습을 보고 예수님을 인정하고 시인한다. 믿음과 행함이 일치가 될 때 존경을 받는다. 그래서 겸손한 자에게 하나님이 축복을 주시는 것이다. 하나님은 겸손한 자를 세상 가운데 높여 주신다. 존경받게 해 주신다. 하나님의 형상을 받은 우리가 겸손을 실천할 때 하나님은 우리의 삶에서 풍성한 열매를 맺게 해 주신다.

낮추고 섬길 때 하나님이 높여주신다

교회에서 성도들이 신앙으로 하나가 되는 것은 쉽지 않다. 각자 성격이나 생각이 다르기 때문이다. 그런데 예수님은 우리에게 "너희들 인격이 잘났든 못났든 그거 다 내려놓고 내 마음을 품으라."고 하신다. 예수님의 성품을 가지고 들어오면 다투려 해도 다툴 수 없고, 분쟁을 일으키려 해도 분쟁이 없다. 겸손으로 섬겨 버리니 다툼이 생길 수 없는 것이다. 겸손한 권사님 앞에, 겸손한 장로님 앞에, 겸손한 목사님 앞에 다 머리를 숙일 수밖에 없는 것이다.

우리는 대체로 상대의 반응에 따라 움직인다. 내게 잘해줘야 나도 잘해주고, 내게 못하면 싫어하는 것이 대부분이다. 그러나 주님은 내가 먼저 누구에게나 겸손하게 나를 낮추고, 무조건 잘해주고, 섬기라고 가르치신다.

특히 사단이 내부적으로 자꾸만 건드리는 부분을 이길 수 있는 비결은 섬김이다. 상대방이 악하거나 조금 비인격적이라 해도 여러분은 그 마음을 본받지 말고 오히려 겸손으로 섬겨야 한다. 사랑으로 섬겨 감싸 안아야 한다. 그러면 그 사람이 본을 받아 겸손을 배우게 된다.

우리가 겸손의 마음을 품을 때 하나님 아버지의 임재가 충만하고, 축복이 넘치며, 부흥의 역사가 일어날 줄 믿는다. 한국 교회의 모든 성도들이, 그리고 모든 목회자들이 겸손으로 똘똘 뭉치길 바란다. 결국 신구약 성경 전체를 두 단어로 요약하면 '사랑'과 '겸손'이다.

예수님이 항상 가난한 자, 불쌍한 자들을 위해 앞장서서 희생하신 분임을 깨달아야 한다. 진정한 겸손은 희생 속에서 온전히 하나님께 나아가는 능력임을 알아야 한다. 여러분이 겸손으로 뭉치고, 겸손으로 서로 섬기길 원한다. 겸손한 마음으로 하나가 되어 자기

자신을 낮추고 상대방을 높여 그리스도의 향기를 뿜어내시길 예수
님의 이름으로 축원한다.

"너희 안에 이 마음을 품으라 곧 그리스도 예수의 마음이니 그는 근본 하나
님의 본체시나 하나님과 동등됨을 취할 것으로 여기지 아니하시고 오히려 자기
를 비워 종의 형체를 가지사 사람들과 같이 되셨고 사람의 모양으로 나타나사
자기를 낮추시고 죽기까지 복종하셨으니 곧 십자가에 죽으심이라."(빌립보서
2:5-8)

❖❖❖